suncolor

suncolor

此刻最美好

快樂是安然的享受，
不是退而求其次的選擇。

高愛倫——著

suncolor 三采文化

推薦序

妳不再是妳，妳也依然是妳

王美娜　聯合大地工程顧問公司董事長

我們結識在三十年前，那時，我們都還年輕。

當時的愛倫已經是影視圈裡的明星記者，身邊總是星光熠熠。

我的朋友帶我進了他們這個死黨圈，那真是一個時代的夢工廠啊！穿梭其中的男男女女，都是大眾的夢中情人，我一加入就上癮了，心裡暗許要成為「黨」員。他們的聚會，我從不缺席。從飯局，唱歌，看電影，宵夜，喝酒，聊天，只要有愛倫在，無人不自在；尤其到愛倫家吃火鍋……真是熱鬧。

當時我剛從英國回來，對國內情況有些脫節，難免特別認生多心，老覺得愛倫難得用眼角餘光掃我一下，連個笑容都來不及給，我有些失落。誰都想得到愛倫更多的關注。這就是她的魅力。

時間稍久，我看懂了愛倫的能耐，她善於讓大牌得意，也更體貼的討小牌歡欣，因為她誠懇的看重每一個人，以致她形成一種秩序，只要有她，誰大誰小都平起平坐。

這樣的聚會持續了四年，然後，嘎然而止。

一來，愛倫經歷了痛苦的婚變。她選擇了沉潛，以我和她當時的交情，連勸慰的資格都沒有。

二來，我也一頭埋進隧道工程新事業，成為地下工作者，無暇再參加聚會。

我和愛倫再也沒有見面，但，我們或許都一再聽聞彼此……

二〇一五年尾，我出席一個晚宴，賓客全是影劇圈名人，但我認識的不到一成。主人把我安排在熟識的甄珍姐旁邊，用餐半小時之後，我悄悄地用眼尾掃掃同桌客人，跳過甄姐，赫然看到名牌卡……我側臉驚呼：「愛倫？」她笑得好燦爛：「我一直在等，看妳什麼時候看到我。」

一剎那，我的血液似乎凝固了、時間似乎凝住了……然後畫面唰唰唰地倒流回二十五年前。

這晚不只是異鄉重逢，更像是隔世重逢。這一個人，這一個似乎早已從我生命中消失的人，原來從來沒有離開，一直潛伏在我心中的某一角落。而我，這晚明白，我還像當年那樣在意她，企盼著她的關注。

我們重新相認了。雖然，我不再是從前的我，她不再是從前的她；但是，我還是從前的我，她還是從前的她。

她找到了新的幸福。我雖喪偶，也還浸潤在幸福的餘溫中。愛倫比當年更開朗，更溫和，更勤於寫作。從前在愛倫家，她不斷捧出美食。現在她用文字捧出一碗碗心靈雞湯。我一一看過，這都是她用生活真材實料熬出來的。又鮮又補。

我，剛剛讓自己「退休」，閒散得找不到生活重心。只想纏著她玩兒。她帶我聽相聲，看舞台劇，和我討論冷門的藝術片；但她最積極的，是帶著強迫性的威嚴，鼓勵及推動我寫作。

她從寫作中得到強大的快樂力量，一心要渡化我。我知道，寫序就是她為我安排的功課。

這樣一個朋友，這一回，我不會再放她跑開來了。

推薦序

逮到她的失常　透澈她的開朗

王淑娟　演員

啊？要我寫序？

高姊在文藝界的朋友隨便誰出手都比我有看頭，我能做的不過就是幫他們夫妻倆配了幾套老美款式的衣服嘛，謝謝他倆不嫌棄，願意穿著滿街跑！我主動幫高姊的穿著「定調」後，很多人誇他們伉儷年輕，我的確有一絲得意。

但是我還是得「強烈指出」，她那一屋子捨不得丟的衣服實在……唉！算了，隨她自由配吧！她高興就好！

認識這麼久，幾乎沒有聽到高姊說不開心的事，不過我逮到過一次她的「藏不住」。那晚，吃喜酒，遇到讓她傷心的人，我和曉蘋送她回家時，車廂裡有一種失常的安靜，悶悶的……隔幾天，我找理由打電話約她出來到就近的「點水樓」吃飯，我單刀直入地說：「妳不對勁喔！臉書上貼的相片都黑著一張臉！一看就是很不開心的樣子。」

她咕噥著：「我幫別人拍照一向個個美，我自己就從來就沒有一張好相片，拍我的都是笨蛋。」罵完，她就笑了，天氣晴了，臉也不黑了。

她說：「傷心故事是一本書，不必翻閱，不必追憶，擺在那兒當人生裝飾也不礙事。」

她的文章，總是行雲流水，詼諧有趣，但是對世間難得的良伴 185 吳大哥，她卻無可奈何的輕嘆「沉悶無趣」。親愛的高姊啊，您去問問有多少人希望她旁邊的那口子閉嘴，不要再念了！不要再說了！這「沉悶無趣」讓多少人羨慕，您知道嗎？

高姊的愛無遠弗屆，而且事事操心！兄姊家的事她要管，舊同事的事她也要管，文藝界的事她參與理所當然，演藝界的事她加倍關心，如今還參與電影的演出，這慧眼能看出高姊表演細胞的徐譽庭導演，也太令人佩服了！

說真的，我也很期待高姊有持續的機會在演員行列中發光發亮！因為她到哪兒都能帶動熱鬧場面，她投入影劇圈，誰敢說她不會為這個行業添些有趣活力。

推薦序

你認識高愛倫嗎？

妙熙 人間福報總編輯

「高愛倫，你認識嗎？」

「她是……」

「以前我們民生報的同事，後來擔任大成報總編輯、星報總監，相當有才氣。影劇新聞寫得一級棒，到現在那些被她採訪過的明星都還跟她無話不談呢！」

當我為《人間福報》要開闢一個影劇版而傷神時，副總編輯劉延青向我推薦了「我不認識的高愛倫」。

影劇新聞都只有八卦嗎？許多明星不為人知的辛酸與成功之道，總是不受媒體青睞，反而都是似是而非的傳聞當道，莫怪明星都視記者如猛獸……

如果，高愛倫能和大明星們相知相惜，多年不見仍彼此聯繫，那麼她的報導肯定值得閱讀。

如果，《人間福報》想做影劇新聞，得走這條路線，發掘藝人背後的感人故事……

如果，高愛倫這麼不同，也應該認識認識。

於是，在副總編輯的引薦下我和「不認識的高愛倫」碰面了。

碰了面才知道，高愛倫這幾年走透了人生低谷，且封筆多年，如今正想轉換筆道，除了駕輕就熟的影劇，更多的是幽谷花香、風嵐清音。那不如，來朗讀生活吧！

「朗讀生活」專欄於焉展開，每月兩篇在福報副刊連載，信手拈來的愛情、心情、人性、交友、客飯、投資理財，在她來說每個角落都有可讀的故事，都有可欣賞的人生風景。

高愛倫對人生的領悟，像一陣風，吹進巷巷弄弄，把平凡的人物百態，刻畫如此鮮活。

她說：「我至少有過一百次經驗，坐在公眾場合，以完全安靜但專注的態度，聽對方說兩、三個小時的話，中間我也曾想起身告辭，但是，實在找不到插嘴打斷的機會，也實在不忍拂逆很需要講話的人。」

高愛倫對自我的坦承，像鏡影，臉上坑坑巴巴，把素顏的未乾傷疤，毫不遮掩表露。

她說：「在我最悲慘又想爬出黑洞的挫折生涯裡，我力圖振作的方式就是每天出門前，對著鏡子訓練自己微笑。」

兩年的專欄中，隨著她的文章亦憂亦喜。憂的是，高愛倫自我檢視時，仍有對生命流逝的感傷之情，牽動我心。喜的是，那幽蘭花香飄逸的成熟領略，愈臻擴大，回歸本性，生活從簡，心更從簡，選擇簡單，自然端正寬大。

我認識了高愛倫，識得其人，其名，和她的臉龐。

你認識高愛倫嗎？是過去的高愛倫？還是那位在逆境中破蛹而出，翩然飛舞的高愛倫？

推薦序

嘴巴硬筆桿軟　下台身影確實美

阮虔芷　戲劇製作人

我喜歡看高愛倫的文章，隨著她的文章，腦袋就會直接產生畫面，她文字的牽動力，很強。

我也喜歡跟高愛倫聊天，因為她直接了當，好與不好，清清楚楚；但我絕不在她忙的時候找她，免得碰一鼻子灰。

她做總編輯時，我選在快截稿時去電，嗎呀！她一句話三段落，六個字兩問號，「誰？」、「什麼事？」、「快說……」沒有誰比她說話更簡潔、更讓人緊張了。事情講完，我的「再見」兩字還沒說出，她已經把電話掛了。還好我們同在這個圈子，知道有幾個時段對她來說是分秒必爭，但我同時可以想像：不了解她的人，碰到這種狀況，肯定會難過甚至誤會。

但只要不是她工作的時候，高愛倫就真是個能聊幾天幾夜的朋友，我運氣好，跟她較親近的時候，她已經退休了。

她是個冷面笑匠，不說不笑時，臉上的線條繃得緊緊的，但是她的善解人意卻相當少見。她說自己平庸簡單，我看她卻處處周到。當記者時，她偏好正面報導，許多藝人會跟她說真實的生命故事，因為她嘴巴硬、筆桿軟。

愛倫是很愛工作的，她很少對人說不，也很少拒絕邀請。所以當她選擇在五十三歲退休時，這個決定令人極度不解，她以反問為答：「下台的身影要漂亮，對嗎？」

影視圈都知道，她退休的兩場歡送會，是由兩個少壯老闆分別親自規劃，而且登上知名財經雜誌，對一位為工作鞠躬盡瘁的優質新聞工作者，這些讚譽是名實相符的。

愛倫是生活白痴，對數字完全沒有概念，也不會網路轉帳或網路購物，看到想買的東西，就截圖下來拜託我們幾個姊妹幫她訂貨投遞，真的好落伍喔！但是她對文字就非常天才，她寫出來的東西，總是易讀易懂，連一個生字都沒有，卻讓人看到可以學習的生活態度。

她的每一篇文章我都看過，寫真寫善寫美不寫人痛，這就是她歷經幾十年的文風。我們都喜歡她；因為她不會找人麻煩，卻也不怕別人給她麻煩。她要我幫忙寫序，只給我一個方向「千萬不要歌功頌德，消遣我無妨，千萬別吹捧我。」這就是她，高愛倫。跟她相處，不費心，不操心。

推薦序

她怎麼會沒有仇家？

李豔秋　媒體人

高愛倫和我都是新聞記者，但我們很不同。

有次邀她聚餐，同席還有幾位朋友，我問她有沒有絕不能在一個空間出現的人？

我說：「幹咱們這行，江湖行走，仇家難免，但說無妨。」她淡淡的回：「我沒仇家，一切ＯＫ。」這幾個字給我極大震撼，怎麼我這個記者幹得仇家一個巴掌數不完？

她年至六十，才碰到Mr. Right，那場「甲子婚禮」，歷屆影后影帝排排坐，當家花旦們熱歌勁舞，沒有排名，不計形象，只為一名影劇記者齊賀；我坐在現場，感慨良多，如果我要辦個宴會趴，大概最後會變成辯論會吧?!

高愛倫的好人緣來自於她的好性格，她的心溫暖又寬厚，總是設身處地為受訪者想，演藝路上多少掙扎無奈，幕後多少辛酸折磨，她都用一隻筆包容撫慰了，螢幕上星光熠熠的大明星，都成了掏心掏肺的閨密，這樣的情誼不因她從線上退休而改變，她有著一海票隨時約吃飯、看表演、聊通宵的演藝圈大牌，她用真心交朋友，朋友用真心回報，他們共同建立了演藝圈和新聞界之間最美的一道風景。

高愛倫的報導在業界文風獨幟，她的文章就算不掛名，也風格鮮明得一看就知出自她的手筆；我常端著她的文章研究，她善用巧妙字彙，打破讀者對一般形容詞的認知，但又貼切穩妥地讓你拍案叫絕。作為一名說故事的人（storyteller），高愛倫是少有的高手，她說的故事總包含著濃濃的情意，厚厚的暖意。我很想學，可是真的很難。

職場上看盡千帆，人生裡經過幽谷，愛倫的眼視野更廣，心感受更多，筆智慧更深，她開始談生活、剖人生，讀時常令我點頭如搗蒜──妳的手，怎麼盡寫了我的心呢？

我尤其喜歡她談感情：

寫友情──朋友來家住七天，一定要離開，因為友情敵不過愛情，路遙知麻煩，別去考驗。

寫愛情──彼此完全理解對方，而且樂於取悅對方。

寫退休的心情──沒有關係這件事，對我而言，真的沒有關係。

信手拈來，都是金句。

有才情的女子不少，有才情又有溫度的女子不多，有才情有溫度又俠氣的女子更少，得識愛倫，欣賞她的才情，感受她的溫度，佩服她的俠氣。這次她將報章發表的文字，及尚未發表的新篇集結出書，囑我為文。我寫不完她的優，基於好康逗相報，就邀各位和我一起做高愛倫的粉絲吧！

推薦序

賺到

林青霞

一九七八年我在拍《晨霧》，一位資深記者帶著一個瘦瘦有氣質的女孩到現場，她是《民生報》新上任的記者。趁拍片空檔我跟她聊了一會兒，她竟能洋洋灑灑寫出七、八篇我的心路歷程，而且並不偏離事實，我非常驚訝，電話裡直誇她寫得好。

從那些篇文章之後，《民生報》有關我的新聞幾乎都出自她的手筆，她的新聞稿寫得真實，從不刻薄，甚至有點仁慈，讀者喜歡看她寫林青霞，連我自己都喜歡看高愛倫寫林青霞。

有一年除夕夜，電影公司老闆、演員和新聞界的朋友，都齊集在愛倫家賭三公，老闆把把都輸，愛倫突然大叫「不要玩了！」因為她覺得老闆故意放水。

我不相信，過去翻老闆手上的牌，果然是作弊，假裝輸錢讓大家開心。愛倫愛朋友，她隨時隨地都為朋友著想、保護朋友，所以她相識滿天下。

跟愛倫相遇相知四十年，眼看她從一個初生之犢到紅牌記者到總編輯；眼看她從幸福快樂的婚姻生活到斯人獨憔悴，再到《此刻最美好》。人生的事真是難以預料，萬萬沒想到，年過花甲的她，竟然跑去演電影。

年輕時愛倫不打扮不化妝，現在雖然是一頭白髮，卻穿著鮮豔，口紅和笑容，令她前所未有的好看。

愛倫性格剛烈，在她第一段甜蜜婚姻的初期，我到她家去，見她家電視用布蓋著，她叫我打開看看，我一看，天呀！電視玻璃螢幕中間破了一個大洞，她說是她砸的，因為吵架。他倆倒好，雨過天晴之後互相解嘲彼此的瘋狂事蹟。她發脾氣把老公的西裝全剪破了，害得老公吃喜酒只得把西裝拎在手上；她氣極會站在街上撕鈔票；有一次吵得太厲害，老公一把剪刀插進自己的大腿裏，血流如注，她既驚嚇又心疼，兩個人抱在一起痛哭一場，我聽得膽戰心驚，心想，這個老公千萬不能有外遇，否則後果不堪設想。

沒想到事隔多年，不能發生的事發生了，但她沒有傷人，也沒有傷自己，只是極度的傷痛，得了嚴重的精神官能症。受折磨的那些年，我常寫信安慰和鼓勵她，但似乎也幫不上忙，幸虧有她姊姊一路的照顧。

有一次回台灣，坐在她家客廳，見到她姊姊忙裡忙外的，我感激地對她：「謝謝妳照顧我的朋友。」

看了〈相思至極，不敢輕提〉寫她跟父親的幾個小故事，她只輕輕一提，已是深深的父女情。讓人羨慕，讓人心疼。故在此不敢多提。

夜裡家人都睡了，我獨自閱讀愛倫寫她現任老公185個性沉默的故事，寫得幽默生趣，我一再大笑出聲，黑夜裡就只聽到我嘎嘎的笑聲，我即刻傳簡訊給她，謝謝她讓我如此快樂，也喜見她找回遺失多年的幽默感。

愛倫現在肯寫肯談她過去的痛、現在的樂，表示她已走過從前，過去的事再也傷不了她，現在她有個任她舞、愛她狂的185日日相伴。他們倆搬離巨星雲集裝滿許多人記憶的小公寓，曾經的熱鬧滾滾，曾經的傷心落寞通通放下，他們在基隆小區過著閒雲野鶴的生活，愛倫寫寫文章，185做做美食，兩個人快樂得不得了。

愛倫之前看過許多醫生，最後還是靠自己寫文章、出書「字療」，才真正止痛療傷。我曾經說過許多安慰她的話，她笑稱我是林教授，有一句話她聽進去了，「到你離開這個世界的時候，如果快樂多過痛苦，這一生就賺到了。」

經過人生的高高低低、跌跌撞撞，陷落之後的起死回生，現在她是無欲無求、隨心所欲，達到「此刻最美好」的境界。相信她從此刻開始，一直到往後的日子都是賺的。

愛倫，祝福你！

推薦序

她是字療師

秋華　正聲電台「午后兩點」主持人

「人生苦短，要學會對自己精神喊話，讓每一段的挫折都變成養分，讓周圍的朋友都能醒心、醒目，彼此相攜，一起進步。」

以上是我的好朋友高愛倫給予的提醒並且要我傳遞給「午后兩點」的聽眾朋友。因為她瞭解一個四十多年的廣播節目是需要不停求新求變，更要給聽眾新的觀念。

愛倫的文章真是讀你千遍也不厭倦，如：「快樂不怕命來磨」、「朗讀」、「法喜」和「字療」等。書中每一字、每一句都是讀者精神良藥，確實對人有療效，如果她開設《網路字療診所》，我願意毫不心虛的放膽推薦：字療師──高愛倫，治癒率百分百，因為本人經過字療，已經痊癒，她的配方只有八個字，「交新朋友」、「談新話題」。

如果人生是一張畫紙，那麼愛倫這張畫紙上絕對是五彩繽紛！幾年前，她的生命出現了真命天子，婚禮中有五位影后現身為她祝福，還有一位科技業大老闆上台致詞，他說：「我參加過很多新郎六十歲的婚禮，這次最特別，新娘也六十歲，可見新娘的魅力絕非一般！」

人與人之間若有高低之分，那絕不是金錢或學歷，而是精神富庶，這個差異性在人生的下半場尤其明顯。眼前的愛倫就是奮而再起的證人，她和定南是精神貴族的典範，他們是人生下半場勝利的組合，活在以笑、以愛為主題的生活中。

他們兩位身材高挑，髮白如霜，但是步伐健康，穿著優雅，互動之中散發出滿滿的幸福感，所到之處光彩奪目，真是令人感動又羨慕！

但是你能想像嗎？如此出色的高愛倫，剛出道時，只要採訪男藝人，就會滿臉通紅，表情羞澀；而現在的聚會場合，她的笑聲與幽默卻像一道佳餚甜點，很會帶動歡樂氣氛！

高愛倫不只是才華洋溢，更是媒體界的風雲人物，但是退休甚早，在人生歷練及智慧爆發力最強的時候，她竟然跟新聞界說掰掰，真是不可思議。但是，瞭解她的人就不難明白，她早已決定要去跟文字談戀愛！

愛倫要我為新書寫序文，我告訴她，我擅於說，不擅於寫，她說：「那你就把想說的寫出來就可以了！」

以上，我是用說的，不是用寫的！

推薦序

給愛倫的長訊

張艾嘉 電影工作者

愛倫，如果不是妳捨棄不了那些演藝圈的陳年舊事，我幾乎忘了妳曾經是「名記」。這個頭銜絕非奚落，當年的妳就是有一身讓人無法拒絕的魅力，妳是一個比許多明星還有名氣的記者。

當然說實話在任何行業及圈子，寫的人和被寫的人都是有互惠的價值，我們當年都似乎明白而且極有智慧的對待了這微妙的關係。那個年代娛樂記者和藝人是可以成為好朋友；在沒有簡訊的日子，半夜談心電話中悄悄私語無話不說。可以發洩一下拍戲的辛苦，罵一罵討厭的人，八卦圈內的熱門話題，探聽一下別人的祕密。大家可以一起出去宵夜，喝酒打牌，甚至跟誰拍拖也可能是記者第一個知道，藝人幾乎透明，而替我們守祕的應該就是我們的記者好朋友。

「嘿！咱們友誼都到了這個地步，這事情妳一定不能寫！」

多麼聰明的作法。相信妳經常下筆時會被自己的良心，彼此的情義，做人的道德，職業的精神壓到手軟，其實妳知道妳面前的都是天天在演戲的演員，會編故事的編劇，控制大局和劇情發展的導演，但是妳絕對知道的比妳寫出來的更多更深入更精彩。所以到我們現在可以以旁觀者角度看著今天娛樂圈和新聞媒體的變化，嘆息這美好的關係方式已成過去式，我們多麼慶幸曾有過像你們這樣懂得做人處事有尊嚴的記者，而且當各自離開崗位後友誼仍不減，成為單純的真朋友。

身為真朋友，我就必須說實話：

「高愛倫，妳這一生做的最對的一件事就是軟硬兼施讓 185 娶了妳。」

吳大哥是一位一百八十五公分高帥兼有「定」力的好「男」人。他把所有的空間給了妳，任妳又說又鬧，笑著看妳一會兒黑髮變紅髮又決定改白髮；今天寫劇本，明天演戲去了，還要做節目。My God! 請妳務必感恩，上帝疼愛妳，因為祂知道妳的善良，派來 185 做妳終生的守護天使！

每一次妳出書總是逼著我回首往日，而我又極為不喜歡回憶，所以我還是要選擇忘了妳曾經是記者這回事，我和妳就是朋友，而且是老朋友。為什麼會繼續關心對方，彼此包容，真心相待？我也說不上來，反正就是自然地延續下去，讓我們珍惜這份長長久久，也祝福妳和 185。

推薦序

溫馨待人藏真愛　妙筆生花守常倫

彭雪芬　台新銀行文化藝術&公益慈善基金會董事

愛倫是我三十五年的朋友。

年輕時，她很愛叮嚀周圍每一個人，小心翼翼的，就怕任何一個朋友在人生路上跌倒；結果，大家沒事，她卻一個跟斗翻出雲端。

好好一隻活潑好動的孫猴子，有很多年時間，靜默的像塊啞木頭……那種什麼都不說的肅殺氣息，讓人緊張，令人揪心。

然後，她復原了，但沒有沿襲潑猴本色。

她的口才少了從前話不落地的伶牙俐齒，但笑容全面取代以前那些婆婆媽媽、未雨綢繆的囉嗦；而且一向彼此戲謔的交鋒語言，也因為她的改變，大家就同時進化到老文青的模式中。

這二十年，她從來沒有主動跟我聯絡過，我問她為什麼？她跟我耍高深，說：「人要知所進退，不要攀強附貴。」我只能用四個字回敬她：「莫名其妙。」

妳不來找我，我來找妳。

我和妹兒常常臨時起意急呼愛倫，我們當然明白她依然人緣鼎盛非常繁忙，但是她幾乎從不拒絕我們，一旦出現了，也絕少談自己，還一副從容就義，隨便我們折騰的無所謂。

跟愛倫在一起最大的自在，是每個人都可以做完全的自己，從認識以來，沒有聽過她批評任何人。

一個知名影劇記者，跟當紅明星的命運差不多，難免會有耳語的困擾，但她從來不刻意解釋，又要高深地對我說過：「生命是部紀錄片，答案不在一瞬間。」

果然，在光陰的故事中，愛倫的人格跟風格，越來越顯出一股不亢不卑的神氣勁兒。

愛倫看起來剛毅難馴，卻是朋友最愛取笑的羅滿史小說受害人，但虧得她個性如此，對人的專心專情才會充滿少見的專注，因而有了讀心的「特異功能」，從新聞報導到生活隨筆，她的文章，讀來自然，易於入心。

我們甚少聯繫的那段日子，她的 e-mail 倒是從來沒有斷過，所以我永遠知道她的「文風」，也永遠透澈她喜怒哀樂的起伏線。

為了寫序，我把愛倫近期文章再讀一遍，我也學她耍高深地這麼說：「如果她不能成為暢銷作家，至少，她是一個值得學習的生活實踐家；她從不掩飾自己曾經困頓挫折過，看得出來，她是多麼想透過自己經歷的坦白，幫助摔跤的人拍拍身上的灰塵重新站起。」

Contents 目錄

推薦序

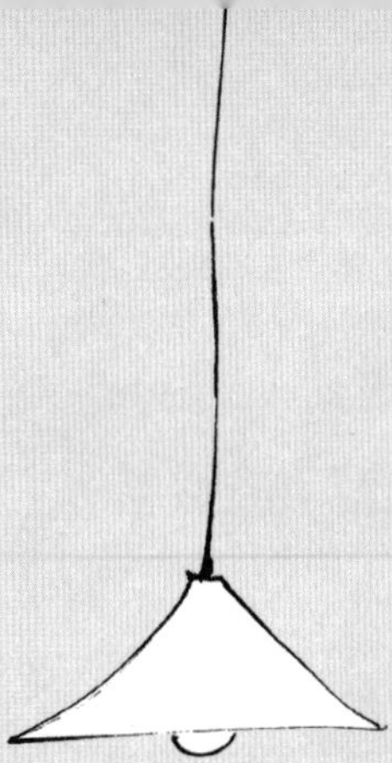

第 1 章

人生下半場，可以重新計分

字療～心在流淚時，寫信給自己～

寫痛苦時，獨自進行，會產生思考推理，越寫越心知肚明，能激發自己的求生意志與存活機率。

如果不是喜極而泣，那麼淚水的主要成分，大概不離憤怒、懷疑、自虐、自卑、自憐、信心崩盤、推翻自我價值……很遺憾，我的身體竟然像一個特大號寶特瓶，裝了一肚子稱之為悲淚的負能量低劣原料，而且罔顧使用期限，以致自體免疫功能錯亂，不停的中毒發病……

直到有一天，我忍無可忍，覺得必須做一個了斷，於是分裂人格中的陽光臉跟陰暗臉認真交談了。

陽光臉：敢死嗎？

陰暗臉：不敢。

陽光臉：既然不敢死，就好好活著吧！

陰暗臉：那如果敢死呢？

陽光臉：如果有敢死的勇敢，就什麼都不必怕了，幹麼還需要去死？

陽光臉和陰暗臉和解之後，我流淚的心開始長出新的綠芽……

直到五十三歲，歷時三年，我才整合完畢自己的人格，不僅恢復自愛的能力，無感狀態也重啟溫度。

在復原之前，我為了讓心止淚，不斷在走投無路的絕境中鑿壁求光，因而從古人的「煮字療飢」悟出「刻字療心」配方。這一帖偏方，只需用文字即可做藥引子，取之不盡，用之不竭。

每當心有不安、心有不爽、心有不甘、心有不屑的情緒浮動時，我就不分晝夜地開始書寫，把當下的心思心念毫不修飾地直錄成原汁原味文字。

開始時，我的字療病歷是「滿紙藥渣」，寫完了看，看完了寫，無一不是必須掩埋的廢物，但是這樣「大量地寫廢話作業」，的確助我打斷重練，而且時間久了，還讓我對自己有了新的期待，心想：暗罵解恨不如幽默自爽，既然重新活過怎能沒有新的態度呢？

情緒實錄本來只是關門開燈給自己看的，但是心裡的陰霾挪移後，洩憤洩怨洩委屈，就很自然的改走文采文化文明風。因為把一段一段模糊不清的故事繼續寫得這麼慷慨激昂，連健康的自己也看不下去了。

我重設心靈座標，一改日記筆法與選材，自得其樂地想：萬一「葛屁」了，這些遺書遺物，說不定還可以當成遺作變賣……哇哈哈。

當我可以重拾戲謔自己的搞笑功夫、當我把人生遭遇的悲劇情節當作喜劇橋段來面對時，我想，我痊癒了，而且從此天下無敵——不是沒有敵手，是沒有敵人哪！

我有過很長也很不好的歲月，但是現在能記得的，只是某種印象，而非某種事件或對象。我不但再也不想回到過去，也努力彌補自己失落的、空白的、浪費的歲月。

我殘忍也切實地告訴過我那些仍在鑽牛角尖的女朋友：「不管我們受到怎樣的感情傷害，如果持續兩年不復原，逾時的所有傷害就是咎由自取，也只能自我負責。」

愛朋友如我，也因受傷而產生反社會態度、反信任敵意，造成嚴重社交障礙，我曾經舉目無親，我曾經堅定認為，我一個朋友都沒有了……

我用我的經驗提醒風暴中的受苦者，我們沉溺痛苦越久，後遺症會越氾濫、復原期會越失控。

謝謝我自己，我是如此願意與努力抽離悲情，以友善積極且自然主動的行為能力，陸續修復很多失聯的關係。我承認，這個過程是非常費力氣的。

倒垃圾式的傾訴，是友誼中非常溫暖的一種關係。但是我重複過這樣的經驗後，覺得所有陳述除了騷擾到別人，對情緒情況的改善，竟是如此有限。

「說」痛苦時，為求公道，不惜把地球翻過來，很容易越說越顯得搬弄，耳目舌都陷入玉石俱焚的殺傷力。

「寫」痛苦時，獨自進行，會產生思考推理，越寫越心知肚明，激發自己的求生意志與存活機率。

我自闢字療醫術，也因而自癒，這靠人不如靠己的祕方，請傷心人笑納。

當你的心在流淚時，學我，寫信給自己。

寫信給自己——這是跟自己最真實的對話，幫助很大。

寫信給自己——最容易讓自己從擺盪中平靜下來，沒有節外生枝的風險。

寫信給自己——別亂寄喔！更別寄給壞蛋（搞笑一下，剛剛寫累了）！

備註：我寫信給自己十年，寫了五百封，寫了二十萬字，可憐喔！現在看到往事之痛，居然哈哈大笑。因此濃縮一句話送給朋友：「沒有沉溺，就沒有長痛。」

從編輯部寫到編劇界

工作仍是我生活內容中很重要的部分，
卻不再是我安全感的寄託，我跟社會關係、人際關係、家庭關係
回到我最期待的自然深刻與平和美好。

二〇〇七年底，隨著《民生報》的熄燈號，我結束在媒體機構按月領薪的專職工作；這是我踏入社會以來，第一次要面對空白作息的起點。

持續幾十年日夜都有牽掛的必然繁忙，一旦澈底撤軍，就好像突然置身在沒有線條色彩、沒有區隔指標的廣場裡，放眼一看，雖似空曠無雜又自由無限，卻更有可能迷路迷航……失去方向……

我喜歡看著人的眼睛說話，所以自來把電話當作聯繫工具，用電話聊天這種事絕少發生在我的生活裡；因此不再有固定時空與人交會，且終止規律例行事務後，不擅抱著電話維繫人間互動的我，每天空出來的時間會不會太多？會不會悵然失去重心與平衡？會不會從此宅居而孤獨成癖？

結果，真好，我沒有太閒。我開始新的學習之旅。

受邱復生董事長之邀去了電影基金會與金馬獎，看到焦雄屏老師和胡幼鳳老友是何其兢兢業業；也在不熟悉的行政事務中，見識到業界角逐名望地位權力時的風起雲湧與暗潮洶湧。

爾後在湯臣影視國際公司當執行長期間，一再受到電影大亨的指點與協助，可惜始終錯過投資的機緣。

繼之，又和《中視》退休導播朋友，聯合製作了一檔《大愛》電視臺劇集；這檔製作讓我們明白，不懂稅負之巧妙與竅門，會讓我們白辛苦一場。

臺灣綜藝節目一姐級導播白汝珊受聘上海《東方衛視》首席導播十年，她向《東方衛視》體系下的尚世影業公司推薦我，這一年一聘的賓主關係維持兩年，我為尚世影業公司代尋臺灣電視劇題材，努力為臺灣電視製作公司尋求各種合作機會。

臺北很多媒體同業都有編劇天分，在腥風血雨的新聞氣候中，不少好手極思另闢跑道。於是我成立「K故事中心」，完成的第一套劇本《牡羊座的女人》順利在《民視》上檔。

在十八個月的劇本作業期裡，班底中，有人落跑了、有人犯憂鬱症了、有人覺得我對電視臺姿態太低了……但不管怎樣，在這樣的過程裡，我真心地識才愛才，也心服口服我的小夥伴們——她們的潛力毅力與才華完全超過我的預估。我，一心一意在我的人脈邀約裡把她們推向高峰。

我曾拿過一些企劃題材與故事大綱請《華視》節目部經理張朝晟指導，他直言：「你們的文字真的很厲害，何不先群策群力把故事大綱寫成小說，然後以原著作者簽屬版權方式爭取編劇機會？戲劇缺的是題材，你們走小說路線，可以快速成為競爭強手。」

我笑問朝晟：「你這說法到底是褒我？還是貶我？」

他說：「我是誠實指出你們的強項，你們文筆好，在平面創作上很容易樹立風格，但是文筆在戲劇裡不是首要條件，編劇的首要條件是要會說故事，而且說出來的故事要充滿獨特性，並要有符合說服力的邏輯。」

《民視》編審都說過：「高姊，你們的對白不要太漂亮……」他們對我們最大的嘉許是：「從來沒有看過像你們這樣完全沒有錯字的劇本；也沒有遇到像你們這樣永遠準時交劇本的團隊。」

我們這個編劇班底接受的是報社編輯部的訓練，表現出來的當然是編輯部沒有折扣的高標準，只是在編劇這條路上，我們必須嘗試新的武器，引用新的戰略地圖。做為編劇新手，老鳥至少都很願意帶我們這些菜鳥，《流星蝴蝶劍》編劇李曉蘋就很樂於對咱們團隊義務教學，她毫不掩飾喜歡咱們這群菜鳥的受教敬業態度。

隔行，真的就如隔山。

寫字的行業很多，包括作家、翻譯、編輯、企劃、作詞人、編劇、工具書、時事評論、美食鑑賞、行銷文案……而單單作家又可以分為詩人、散文、小說家；小說家又可區分為推理小說、言情小說、驚悚小說、武俠小說、奇幻小說……分門別類，往下細數，多到不勝枚舉。

通了樂理，可能所有樂器都能輕易上手，可是文字就不是這麼易於同理移植。因為文字的思維邏輯各成天地，轉換起來，需要的又是另一種天分。

我很少，甚至幾乎不會跟任何一個非當事人談我手上的工作。因為我做這所有事情，都保持著學習、玩樂、資源再生、擁抱陽光、溫暖友情的態度，凡事既不刻意隱藏，也不炫耀豐富。

工作仍是我生活內容中很重要的部分，卻不再是我安全感的寄託，我不求勝，我不求贏，我甚至不特別上進，我跟社會關係、人際關係、家庭關係回到我最期待的自然深刻與平和美好。

我日常出勤仍然忙忙碌碌，但其實我已善於獨處，懂得寂靜也是天籟。

我說話速度、行為節奏，還是說風就是雨的快板。但這只是今日事今日畢的性格，並非全然的急躁。

我從來不是很有個性、很在乎姿態的人，對朋友的呼喚盡可能隨傳隨到，因為配合別人是我為自己而活的另類解讀。即使新思潮強調「自己最大」，「取悅朋友」仍是我快樂的原因之一，只是我偶爾不說話，朋友會誤會我心事重重，讓我解釋的更加疲憊，也迫使我繼續賣命演出，以求別人開心，累呀！

我的沉默有時是一種心靈的休憩，允許我安靜一下。

滾石唱片公司總經理段鍾潭曾經一再笑我：「是什麼讓妳這麼熱血？」在早些年，我會想很久；後期，我完全不需思索即可答覆：「我可以賺到很多快樂！」

關於關係這件事

職場職務所給與的脈絡關係，
在退出核心後，就該主動的自我歸零，把曾經因勢而得的
便利、優惠、尊榮繳回。

當人們說到人走茶涼，當人們說到權在情在，當人們說到人微言輕，當人們說到日落西山……常會伴隨蒼涼喟嘆之音，這，是不是權柄釋手的心靈孤單？這，是不是人際關係的現實炎涼？也許是的，但其實也未必是的，所以何必放在心上。

沒有哪一種「關係」是一輩子的關係，縱然看起來維持了一輩子，其中仍

會有冷有熱、有近有遠、有喜有怨，甚至也有激情薄情時刻……這些起伏線圖，有時可以有機會調整到我們希望的樣子，有時就要懂得江水向東流，它一去不回頭的宿命。

我沒有大智慧，但有小機靈。因為這一生都在專心傾聽別人的人生故事，所以在面對選擇的關鍵時刻，我會類比際遇，讓每一個轉身、每一個背影，即使不夠優雅，也不要齜牙裂嘴。

以手握發球權的主動性取得退休後，我第一個考量就是告訴自己：我即將面臨沒有固定薪水、沒有穩定收入的日子，以我的不富裕來講，我需要學習的第一件事就是不可在金錢上耍帥。

有一天晚上，我和從洛杉磯回來的黃姊、經紀人小丘在信義路的咖啡廳聊天，散場後，小丘要開車送我回家，但我堅持走到光復南路口坐公車，雖然當時下著毛毛雨，小丘仍熬不過我的堅持。

我剛到家，小丘來電話：「姊姊，為什麼不讓我送妳？我完全順路耶！妳是有事在生我的氣嗎？」

我解釋：「我就要退休了，沒有專車、沒有便車、不坐計程車，這都是我未來必須面對的事實，今天剛好是我學習做『尋常百姓』的第一天，我要讓自己貫徹到底，等到完全適應後才能重新接受被人照顧。」

這晚，是我從世新畢業幾十年來第一次坐公車。

之後，我學坐捷運，兩個導盲者是我的小同事麥若愚與方嬋。麥麥是在光復南路把我送到捷運站，教我辨識路線圖顏色與哪兒上哪兒下；方嬋對我更不放心，陪我坐到西門站，她再坐捷運回東區。

也許，他們都不知道或都不記得這些小到不能再小的事，但是，往往，我生命裡不斷起漣漪的就是這些「幾分鐘的關係」，即便一段短程相送，對我，也是一個特殊記憶。

由奢入簡必須心存淡然，這是我年輕時看何飛鵬先生的文章得到的啟發。他因受老闆器重，公司給他在俱樂部開卡，任他簽刷，但他拒絕了，他是這麼看待自己的禮遇：如果刷慣養成奢華習性，有一天要離開公司怎麼辦？萬一自己用不起卻又習慣用，又該怎麼辦？

我離開管理近百人的編輯部後，shawn 和其他同事陸續說：「高姊，妳人緣這麼好、妳關係這麼好，以後隨便做什麼事都一定會得到支持。」

我笑這些孩子善良：「你們不是說我嚴厲嗎？怎麼要解散了，就都願意說我人緣好了？」我很誠實地看未來：「職場生涯都是別人來找我們幫忙，並不表示這些關係就能延續成未來的私人關係。」

感謝這十年，我接的工作都和文字有關，又都和「我有什麼關係」無關。

當然，誤會我「很有關係」、「很神通廣大」的人還是很多，我被纏多逼急了，也實實在在地說：「如果我還能跟職場人脈保持良好關係，就是因為我從不動用關係。」

我連為自己，都不願動用關係。

我的確有很多很強的朋友，而且對我一再表示「有需要就來找我」。但是他們是他們，我是我，「關係」和「可以運用關係」是兩個完全不同的概念。

我把「關係」看得簡單透明，我認為在同一個競爭事項裡，如果你的競爭條件與實力跟所有競爭者的水平相同，這時有決策權力的朋友，同意把執行權益交給你，就是「關係存在」與「關係認同」的最大意義，因為在信任基礎上，以及節省徵信機制繁複的前提下，他給了你「優先的機會」，這是最大的幫助尺度，這不是作弊。

我信任也精心維護感情，但不依賴也不冀求關係。因為在感情上，我可以也願意單方面付出；在關係上，我卻明白那充滿生命共同體的奧祕，因此不管我和朋友的感情如何，我的內心是單點單線結論——即使他是我的密友，凡事也不要輕易開口。

我有一對兄弟朋友，兩人都是超級好人，平時也兄友弟恭，但因弟弟擔心哥哥在任用人的標準上不夠理性，時起衝突，跟我說起來次次含淚深憂。

我問弟：「你管這麼多幹麼？」

弟說：「他是我哥，我不能看他受傷。」

我說：「該提醒的你提醒了，該分析的你分析了，現在你就該回歸他是你的老闆這層關係上，而不是糾葛在手足關係上。請問，如果你是在其他公司打工，你『會』對老闆管這麼多嗎？」

他答：「當然不會！」

我再問：「如果也是出於關心，你『敢』或『能』對老闆管這麼多嗎？」

他想了想不再說話了。可是此後，他們兄弟關係得到很大的改善。

人們常譏諷他人：換個位子就換個腦袋。

但我真心認為：換個位子就必須換個腦袋。

因為位子不同，視野不同、權責不同，周邊人事物的關係全都會跟著不同，所以腦袋裡的藍圖也當然該產生調幅。可惜多數人先換的是價值觀、邏輯路線與核心思想，這是大頭症的病源，換腦袋並不是換這些。

職場職務所給與的脈絡關係，在退出核心後，就該主動的自我歸零，把曾經因勢而得的便利、優惠、尊榮繳還；一旦沒有冠冕、沒有頭銜之後，還能重享尊榮，就不是職場所賜，而是個性風評所立。

做為新聞工作者，多數人的能力被放大了，包括我自己；而最要命的是一日為記者就被認定終生有版圖，新舊朋友都以為我口袋封藏錦囊，如果不鼎力促成託付，必是掩藏實力不願幫忙，這方面，我也真忍得住任人冤枉。

我很謝謝大家這麼看得起我。事實上，我努力讓朋友明白，我真的只是尋常百姓，而且還是一個不怎麼罩得住的鄉間村婦。

罩不住，讓人低欲望；低欲望，讓人非常自由。所以沒有關係這件事，對我而言，真的沒有關係。

我只想管好自己

自我要求、自我施壓、自我期許，都是正確的，但是這個過程中
如果欠缺適度的轉換調整，自覺也可能成為一種自傷……

只有一種顏值所向無敵，
那就是笑容，
我一輩子沒有漂亮過，
直到老了，
我的笑容和我的心情總算合而為一。
日子沒有特別好過，

是我不讓日子難過而已。

以上是我在臉書真切的「自我感覺」貼文。

老友難得為此留言：「妳一直是漂亮的，除了談公事的時候……真的！」

也許職場上的我真的太嚴肅了，我承認不再是全職上班族之後，已足足十一年，我簡直不需要任何理由就明顯的天天快樂。

那麼現在要問問自己：談公事的臉為什麼不能像星期天的早晨般碧藍開朗？在曾經令人稱羨的職業裡，我為什麼心浮氣躁？

我想起我和小同事的三段對話。

我幫楊登魁先生管理新報社的時候，才來兩天的新聘記者，覺得工作效率太激烈，以「我達不到高姊的要求」為由請辭，我跟他說：「每個進來的新人都希望有機會證明他很行，你就再用一點時間來證明你不行，這對你我都很公平吧？」

結果，他從此沒再提過辭職。

好萊塢大兵藝人鮑布霍伯來臺灣，英文流暢的新兵負責採訪，他回編輯部時緊張到結巴地說寫不出稿子，我只簡短地說：「六十分鐘，八百字，現在開始計時。」

結果，他準時交稿。

陸續周旋一些行業後，我很喜歡的小青年考上錄取名額非常有限的《民生報》，一星期後，他約我在南京東路的力霸飯店喝咖啡，告訴我他要辭職了，因為他還是鍾情創作，想要堅持寫劇本。

「先做三五年記者，人生閱歷多了，人脈關係豐富了，再去寫劇本會不會更得心應手？」我提出建議。

但我也很快改變主意，以祝福取代阻攔，因為他這麼告訴我：「我參加記者會，因為是新人，開始時，沒人理我，等到知道我是《民生報》記者，平面宣傳立刻熱絡得嚇死人，我只是一個新進的實習記者就受到這樣的禮遇，多待幾年後，我還能承受什麼挑戰？轉換什麼行業？」

因為我總是能聽懂這些孩子的心思，我也逐漸地更加明白了自己的不安與壓力。

自我要求、自我施壓、自我期許，都是正確的，但是這個過程中如果欠缺適度的轉換調整，自覺也可能成為一種自傷；以致在學生時代一心追求的職業，慢慢推翻了我的信念，這個撞擊，日積月累把我推擠到不知所措的矛盾境況，我的剛烈頑強其實只是射殺自己的弓箭，但看起來卻像是為了鞏固疆土而戮力強戰的鬥士。

回想起來，職場時代的我，似乎真的是不快樂？

我喜歡工作，我不喜歡制度，然而我們必須且有義務活在制度中。制度中的管理與被管理，會造成自我管理的失衡，那是一種煩、一種摧毀、一種無奈，因為對自己負責容易，為別人負責很糾結，在人我之間的約束會導致力有不逮或耐心崩盤的拂袖之怒。

所以正確一點說，我也不是不耐制度，我是不耐「管好自己是不夠的」其他任務。

我很信服企業管理與社會心理系的朋友，他在人事物上總是有獨到觀點與解析能力。有一次閒聊，他說：「妳太不懂如何管理了。」對這句話，我明顯的不以為然。

我對這句話的認知焦點並不在我會不會管理，更不是我有沒有管理能力，而是「管理」兩個字，讓思想狹隘的我陷入以權勢逼人就範的官僚印象，我總認為一個人憑什麼去管理另一個人呢？這個字眼聽起來是多麼討人厭又多麼霸道跋扈啊！

但年資和經驗迫使我必須對一個單位及一群人盡更多責任的時候，我就不得不根據自己的認知來建立「管理」的意義。

「管理」是服務、「管理」是保護、「管理」是授權、「管理」是激勵、「管理」是傳承、「管理」是自己先做到對別人要求的標準，再輔佐別人做一個更優質的決策者。

那年我們還寫紙本「工作日誌」的時候，我記得自己的工作標的是「一級主管的最大責任就是培養更好的一級主管。」至於怎麼培養，又是各自的功夫。社長批覆：「真的。真好。」

有一晚，老闆請各編輯部在飯店晚餐，到七點半，幾乎所有一級主管都放下碗筷趕回編輯部，只有我，繼續自在用餐，老闆像是發現意外，笑問：「高高，妳怎麼不急著回去？」「報告發行人，我的組長、我的主任都比我強，沒有我，編輯部也在軌道上運轉。」

「世界不會因為我而停止運轉」、「任何人都不是無可取代的」，這兩句話對我是澈底入心。所以在職場上，我大我小都是一日之事，我不被任何想望與妄想所挾持。

但是我問過教育訓練的老師：「明明知道是正確的事，為什麼我常陷入猶豫，甚至不敢去貫徹？」

老師解惑：「高位階具有率兵的權力，但也要有化解相反聲浪的能力，真正的好主管會願意承擔必要之惡。」從此，我的分責小主管也得到影響並明白：「正義，不只是贏得榮耀，有時也需要付出額外的代價。」

做記者時，我很快樂，因為我自視是自己的人生品牌，我跟工作對象的關係是直接的、單一的，出色或不出色我都能認帳。但往後晉級到管理階層，對我真是極大的痛苦。

老闆總是派我做新的事業項目，在不毛之地插旗求生這件事，我喜歡，可是隨之而來就是新兵訓練。我也曾抱怨：「怎麼老是給我空水壺叫我到沙漠裡打仗？」後來我知道這些都是我的宿命，也是我的恩典，因為在蠻荒階段的奮鬥期，我非但不會浪費配給的資源，也能開發賴以存活的綠洲，所以沒有授權者約束過我。

離開制度職場，化身接案零工，我終於回到只要對自己負責的軌道，恢復絕對的自由，就會得到全然的快樂，我就是我，我走進生命中最喜歡的風景區，因為我只要管好自己，因為我真的只想管好自己。

這輩子只做對一樁事

興高采烈以為自己搭上發財列車的時候，
卻在高速中遇上雷曼兄弟追撞翻車風暴，面對雙倍的損失，
幸好有兩個老師開導我。

四十歲之前，不知人間有貧病疾苦，不知世間有惡人惡事。四十歲之後，火山爆發，萬箭疾襲。活之艱難，茫然無言。

但是我也逐年明白，因為欠缺耐性與耐心，有些事讓我活該倒楣既是當然，也是應該。

跌倒，爬起，爬起，跌倒，練就的功夫就是現在這樣的氣定神閒。雖然疤脫痕仍在，回頭閱讀每一段故事，都是笑看一段人生，這似乎就是「不問過程，只論結果」的好命實證。

我不是不會賺錢，也不是很會花錢，但是，我不擅理財，錢來錢走，都不大跟我打招呼。

我以為我很富裕，結果積蓄數字不是這麼說。

我以為我很拮据，可是日子過得又很自在無憂。

退休之前聽了一場理財講座，真是「不聽還好，聽了潦倒」，說什麼「你不理財，財不理你」、「錢放銀行，越放越薄」、「通膨遇險，投資避險」，我的腦袋因此打鐵短路，盲從跟入，再加上每個朋友都在暢談自己基金債券高獲利的神話，我就稀哩呼嚕的加碼投入金融商品，忽略別人的獲利是長年定期定額投資的累積，我怎麼會在高峯期的高價位採取躉繳？這無疑是給自己挖一個財務坑洞。

興高采烈以為自己搭上發財列車的時候，卻在高速中遇上雷曼兄弟追撞翻車風暴，面對雙倍的損失，我當然因為自己的愚蠢一再失態，幸好有兩個陳老師開導我。

理財節目主持人陳凝觀告訴我：「理財是金錢遊戲，像高姐這種沒有投資智慧的人，把錢放在銀行就是最安全的，雖然不會變多，也不會變少，就算進入無利率時代，通膨吃掉的錢永遠不會高過你虧損的錢。」凝觀教會我——我們很難透過不懂的投資獲利。

有一位林媽媽經常抱怨先生少年風流老來病，花了她很多很多錢，我的小同事陳念慈安慰她：「妳先生不錯啦！他讓妳生了兩個兒子，又跟你同床共枕二十多年，妳夠本了。妳想想，我跟雷曼兄弟連面都沒見過，就在他們身上花了跟妳一樣多的錢。」陳念慈的睿智表現在絕頂的幽默中，她教會我——不要讓情緒被不能改變的循環鏈條捆綁。

我這一生，對錢不夠尊敬，所以錢也拒絕跟我親近。

我開始做股票投資時，同事問我：「妳有消息來源？」「沒有呀！」

同事又問：「那妳怎麼決定買哪支股票？」「看《聯合晚報》呀！」

一堆人因我的答案笑翻了。憑看報紙買股票，我的學習精神實在太差了；然而死性不改，賠再多錢照樣不用功，朋友問我買的股票是幹麼的？我說不清楚，因為我真的不清楚。

我想，我看股票就跟玩丟骰子一樣，完全憑運氣。

有一段時間因辛苦血汗錢的積蓄水位大降，嚇得哭起來了，後來告訴自己：「錢沒有了，不能再賠上健康。」於是就想開了。

年輕時最大的樂趣是看房子。每個假日，和姊姊看遍臺北各區建物，邊看邊發夢要如何運用隔間與空間，那時的能力真的「很」買得起任何區域的新宅，可是每次取決的條件都是「會不會住」？這就是澈底欠缺置產概念的衡量觀點。

等到警覺房地產是最穩當的致富途徑時，已經失去購置的機會與能力。

我活生生從可以輕易置產的優勢滑落到連換房子都捉襟見肘的地步，怎能不暗笑自己？

幾年前，上海工作跟我簽約，要求我自己提報薪水數字，我想報薪水也要找個依據才對，好不容易翻出姊夫幫我用筆書寫的好幾年所得稅申報紀錄。我的天啊！瀏覽這些紀錄，可真把自己嚇了一跳，原來我是高年薪一族呢！

大姊說：「兒子問我，怎樣才會覺得自己有錢。我說，想吃什麼就吃什麼，想買什麼就買什麼，不需要看吊牌價錢，不需要考慮生活預算，如果能這樣，我就覺得我是有錢人了。」

二姊聽了就接話：「喔，照妳的標準，那我現在就是有錢人。」

我和大姊窮在「步步為營，多慮明天」，二姊富在「大方大器，善待今天」。

我不會理財置產，過去沒有時間學習，未來就算發心苦學，料想也不會有效益。《民生報》石副社長說我紫微斗數的財帛宮天梁星落坐，姑且相信他的解釋：「天梁為清高之星，重視名譽甚於金錢。」而這顆善星有如定海神針，因持「性喜關愛，永無貧困」命格，讓我相信也迷信此生當無重大可虞之事。

無財卻不缺財，這就是我的命，要認、要服，更要喜，因為「無財卻不缺財」對我而言，是安全指數高達百分百的上上籤。

錢缺了，是煩惱；錢多了，不也是煩惱？

凡事都比基本標準高一點、好一點的人生，就是最自由的人生。

有專家言論，平凡人只要沒有錢財與感情的問題，也就不會有不得了的煩惱，我挺贊同。因為世間熙攘，的確十之八九來自財色。

我沒把錢財理好，好像也沒把感情理好，但為什麼黃昏之齡反而能過得這麼風和日麗？

我想，我這幾十年或許沒有做對幾樁事，也經歷過不少滿腦糨糊的選擇，但這輩子只做對一樁事卻夠挺住風霜，那就是我擁有堅定對待生命的信念，任何可能會摧毀生命的傷心，到後來都會被不熄的熱情治癒。

熱情，是父母為我生命注入最大量能的恩賜；熱情，推動我用適切的溫度主動擁抱人事物；熱情，能讓置我為化石的挫敗飄散解咒。

熱情不是我的核心價值，真實的誠實才是我的核心價值，但因為這樣的雙實價值，熱情才會生根在我心中。我和熱情之間，曾經冷落過彼此，但從未拋棄彼此，未來更不會兩相遺棄。

再度開始寫日記

從我開始把心裡的話文字化之後，我發現也印證，記錄自己腦波裡的升降音階，是訓練獨處的最好方式。

筆記是日記的形式，日記是形式的筆記。

也許有人說，日記筆記都太過時了，誰有那個閒工夫寫這些。我倒覺得把每天閒說的廢話記下來，久而久之，也就編串成一朵花了。

也許有人說，寫日記筆記太花時間。其實把每天自己在手機裡寫的簡訊複製存檔就好了，這樣假以時日，可以度量一下寫簡訊才是時間的更大浪費。

也許有人說，從早到晚都是雞毛蒜皮、乏善可陳的事，有什麼好記？果真如此，那可要擔心自己對感覺的回應太麻木，已變成無趣之人了。

少壯不如意時，我靠寫筆記救活自己。髮霜無憾事時，我靠寫日記豐富自己。

有一個喜歡閱讀的好朋友問我：「沒有文采的人可以寫作嗎？」我笑答：「這個世代，沒有文采的人，才真的是躬逢其盛，因為火星文都這麼風行。」我說的當然是笑話。

我相信，文章不是有文采就好。

我才疏學淺，所以舉凡想透過文字表達或立論的，只熟悉真心真意、誠實誠懇這套路數，因此我所思所想所念所言，是如此貼近生涯生活，又如此貼近俗人俗世。我是一個寫百萬字也書不出一個生字的人，當然，原因之一是我也認不得太多生字。

有一次劇場一姊郎祖筠來家裡晚餐，在座的客人都對表演學充滿好奇，話題集中在如何釋放表演能量。

郎老師隨便就著一句話：「這個鳳梨很好吃」，連續說了六次口白。在她的表情、肢體、腔調、語氣不斷重組下，一口鳳梨展現出六種完全不同的意思，實在是太厲害了。

阿郎的示範表演，對我的寫作有很大的啟發，她讓我知道每一句話都可以有完全不同的說法，也讓我在寫作的時候懂得——每一句話換一種語彙組合所能產生的新鮮感。

可能也是因此，我寫文章沒有慣性詞彙，文章出手，三個月後自己也認不得，就好像不依食譜的隨機烹調，就算偶有驚豔之作，也不可能做出制式標準的重疊口味。

舞臺劇、電影，我總是能對重複的作品一看再看，因為不管演出跟情節有多熟悉，看的人是我，演出者對我的打動雖是必然，但我自己不斷更新的感受才是層層進階的領悟。

還有一個厲害的人，他綽號二寶，曾擔任電視臺戲劇部一級主管。

二寶有一本記事本，那是我這一輩子看到最奇特的天書。

這本記事本三十二開，大概有三百頁厚，是他做場記時開始用的電話簿；

然後歷經副導演、製作人、行政主管，不管是否合作過，電視圈幕前幕後同業的聯絡方式，大概無一不在他的電話簿中。

他把電話簿翻給我看時，沒有分類籤、沒有頁碼，每一頁都密密麻麻，我相信這本二、三十年歲數的電話簿名單已經有很多需要更正，我也懷疑他可以輕易搜尋出他要的電話，但是這本手稿式記事簿實在讓人印象深刻。

我的演員老友夏玲玲，也是筆記奇人。

身體違和的那些年，夏玲玲因為夫婿曹啟泰奔命全球忙著演出，不得已以偽單親姿態帶著三個孩子在新加坡生活，她常擔心自己突然有個撒手不及的意外，小小的孩子對爸爸說不清楚什麼，於是每天大大小小事情她都習慣記在紙上，包括桌曆、掛曆、便條紙、筆記本、相片背面……夏玲玲的任何文字書寫，一無標點符號，二不分段分行，十幾年後的今天，曹啟泰依然說：「玲玲不能比我先走，不然我得檢閱她的日記，那真是最大的刑罰，沒有人能看得懂她這完全沒有空隙的天書。」

寫日記寫筆記不夠，夏玲玲還寫作業上癮。她念社區大學多年，作業簿的中論題始終是她的最愛，如果老師給她九十八分，她會前去交涉：「以我用功的程度，給我一百分是不是比較公平？」有趣的是老師也樂於還她個公道。

我天生愛寫字，連帶的，我對別人的讀寫也感應得到特別的滋味。

寫日記不是為了寫作，寫日記是為了活化自己的感覺。

我工作上的小夥伴是我的恩師之一，他不厭其煩地幫我安裝電腦，又懂得用低階語言解釋每一個符號的運用，降低我學電腦的艱辛與煩躁。從我開始把心裡的話文字化之後，我發現也印證，記錄自己腦波裡的升降音階，是訓練獨處的最好方式。

不能獨處，是情緒最大的威脅。

經常獨處，是孤獨的最大瓶頸。

寫日記，可以翻轉獨處的負分，把獨處裝飾的非常飽滿與愜意。

今年夏天，我從出版社接收舊作《快樂不怕命來磨》最後四百冊餘書後，一點都不浪費的立刻「傾銷」一空。

不久後，有一位英文老師鄰居常和我簡訊討論書中的章節，並不時分享她生活的成長經驗，這當然帶給我很多傾聽的樂趣。

有一次，她留了幾分鐘長度的語音，聽起來是一篇摘錄的女性文章，因為她的音質音色極美，我像聽廣播劇一樣，重複又重複聽了幾遍，聽多了，聽熟了，我去訊問她：「這是妳發表的文章？我們觀點很接近！」她回訊：「愛倫姊，我朗讀的是妳的文章啊！」她把頁碼和文章題目給我，我也哈哈大笑，誰說自己寫的東西自己就會永遠記住呢？但至少那個精神與概念是不至於分歧的。

用語音朗讀我文章的方式來和我保持互動，這位鄰居真是我成人以來最特別的友誼。

曾經以為，日記筆記是一種重複的紀錄，就漸漸停歇了。最近在檢查不同抽屜裡未完成的手筆手稿，才確定我跟自己很有話題、很會瞎扯，於是我又開始寫日記了，在這個和自己做朋友的不變儀式中，我以閱讀小說的心情閱讀自己。

我愛蠢笑，我不蠢

一個人的晚餐，一個人的空間，
都容易因孤單感陷入憂鬱情緒，所以要早早準備好，
讓朋友鄰居家人相互為心靈慰藉的家庭醫生。

我愛蠢笑，我不蠢，
新歌老歌都是歌，
舊雨新知都是友，
大笑淺笑都是笑，
是怨是樂都是過。

網路上轉傳一位癌症富婆，在出國接受治療時，以有氣無力的聲調錄下對

豪宅戀戀不捨的感慨，所有強調都在於一句話——除了健康，其他都是身外之物。

身外之物？天下人，誰不是在為身外之物拚命？其實無須在生命受到威脅的時候責備醒悟太晚，有時感傷感慨、頓悟感悟，可以有另外的詮釋角度。

身外之物的追求不是負面的事。

想想看，一個人如果沒有目標會不會就欠缺動力？如果沒有施展才華是不是也就埋沒了天賦？

身外之物，雖是具象的物質，但也包含抽象的價值。走在正路上，從競爭中尋求進步的報償是身外之物；走到歪路上，從計較中把玩惡性追求的也是身外之物。差異在我們怎樣看待與認知自己的需求、渴求、貪求，能不能及早自省自覺？又願不願自療自癒？

人們很可能因過度追求身外之物而付出健康代價，但是不追求身外之物卻不是健康的保證。健康和追求身外之物是單向關係而非互為因果的絕對關係。

生病，的確是生命中最大的遺憾，也是生命中最無可違逆的命運。正因如此，在與這個黑暗使者交手之前，每一個人都有必要讓走過的軌跡降低遺憾的鋪陳，其中也包括趨吉避凶的意外事件。

社會高齡化之後，退休的人有更多相聚的機會，不管你在哪個群組，相信在大家樂開懷之後，一定會有人說這樣的話：「大家要多見面，見一次少一次……」這話聽起來真是「討厭死了」，如果見一次少一次，難道把次數累積起來不再見面就安全了嗎？

人的老態之一，就是莫名其妙的感慨。

快樂是安然自在的享受，不是退而求其次的選擇。

改造自己，是生活上的常態，也是生活知識得宜的運用。

同學朋友中有屆齡退休卻仍受重用的例子，他們問我：「退好，還是不退好？」我的答案只有一個，也是我當年做決定的關鍵——退比較快樂，還是不退比較過癮？想清楚了，退不退都是正確的決定。」

當年，因為年齡不足，我只有辭職權利，卻沒有退休資格，感謝老闆通融厚愛，讓我卸職的輕鬆喜樂。

年輕小同事問我：「一輩子都奉獻在這，會不會心生不平？會不會充滿感傷？」我說：「我這一輩子如果不是奉獻在這，也必定要奉獻在另一個地方。不管打工，還是做老闆，我們永遠都會面臨『離開』、『結束』的選擇，所以要『來也快樂，去也快樂』。」

許多朋友都有了新的生活態度，大家很怕「無常」的威力。一如「身外之物」並非全然的無良，「無常」也跟一日三餐一樣的實屬正常。過日子不要有太多的「假設」、「如果」、「萬一」，因為事實上，人對控制預測的能力是非常有限的。

瞭解也註解身外之物和無常後，現代人不分年齡、不分男女，都學會兩個口號：「要愛自己」、「不必取悅他人」。「取悅他人」有沒有可能就是「愛自己」的行為？我覺得是的，因為我就是這樣的人。

我跟朋友家人在一起，只要不違心太遠，都盡量周到的讓對方開心，然後別人的開心就會像回力球一樣的反彈到我心裡，讓我也同樣感覺到開心，這就是愛自己吧。

〈當你老了〉是多好聽的一首歌啊！你可以在卡拉OK再唱幾年？你能再

牽著手的朋友又還能有幾個？當你沒有力氣玩樂時，你喜歡和誰說說話？

一個人的晚餐、一個人的空間，都容易因孤單感陷入憂鬱情緒，所以要早早準備好，讓朋友鄰居家人相互為心靈慰藉的家庭醫生。

老之前就憤世忌俗的人，到老了，容易變本加厲。

老之前就雲淡風輕的人，到老了，容易瀟灑豁達。

希望有什麼樣的話友，就要先穩定自己是什麼樣的話搭子。培養交談的聆聽能力、解讀能力、表達能力，跟去練太極、練書法是一樣的重要。

有錢人沒錢人，也都只能有一條命，但是過得舒坦不舒坦，跟個人財富、社會地位不成正比，通常和性格思維息息相關。

人生兩階段，上半場，努力打造自己，下半場，適切改造自己，不必盡信網路的活好指南，要握穩自己ＤＩＹ的好活羅盤，不要低吟感慨，要高唱樂章。

上下半場的年齡界限，你可以自己訂，我用五十三歲劃分我的下半場人生。

笑著過日子，並不是一種膚淺，常常蠢笑的人也不是真正的蠢蛋！

臨老之前，先學一套好本事，做個能欣賞別人的快樂也能散發快樂給別人的「話搭子」。

喜歡和沉默的人聊天

生活不是嚴重或嚴肅的事，
讓自己舒服很重要，但不讓別人不舒服也一樣是重要的。

我喜歡史特龍，我也喜歡阿諾史瓦辛格，他倆如日中天的時候，不看動作片的我會去看他倆主演的電影。

我不是偏好肌肉男，我也不是偏愛爆破與搏擊，而是他們的角色始終有一個讓我著迷的特質——他們壯碩外型的內在，有著對女性尊重呵護的紳士情懷……此外，他們堅定、善良，有著利他的溫柔，有著犧牲的從容，對委屈、迫害、誤解從不解釋、從不抗辯、從不喧囂，但是一旦忍無可忍的反擊時，他們就是不死巨人，讓世界回歸正義與公道。

我雖然喜歡史特龍和阿諾史瓦辛格，卻算不上是他們的粉絲，純粹是因為他們重複塑立的印象，滿足我對特定性格的期待與投射，或許能讓他們在極少對白狀況下顯出高貴人格的編劇與導演才是我的偶像。

英雄出少年，好漢多沉默。這不是戲劇套路，這是真實人生的常見現象。戲劇裡的話多角色，往往都以丑角居之。

「話量」、「話質」比所有表現都容易讓人看出斤兩，要做到恰如其分，並不是絕對簡單。

真正話多的人，很少願意與人「交」談。

「話量」多的大人物或小人物，我都印象深刻。

大人物話多，就是獨白，舉凡在座各位，聽著就好，他並不需要互動。

小人物話多，就是喋喋不休，舉凡在座各位，聽著就好，他並不需要反應。

我這一生至少有過一百次經驗，坐在公眾場合，以完全安靜但專注的態度，聽對方說兩、三個小時的話，中間我也曾想起身告辭，但是實在找不到插嘴打斷的機會。

「話質」不優的，我也印象深刻，但就沒有什麼大人物或小人物之分了。反正吐出來的字詞言語，無所不批、無所不怨、無所不妒、無所不憎、無所不嘆。而且處處喊反，事事喊冤。有著超級負能量。

打開電視，最容易體會惡話質的威力。

於是我的朋友聽到我的新論點——和沉默的人聊天很有趣。

和沉默的人聊天，因為他們惜話如金，相對地，就不會有太多一說再說的話題。

和沉默的人聊天，因怕錯過對方任何一句話，我不但變得特別專心，也會降低自己的囉嗦。

和沉默的人聊天，為了讓對方擁有高比例的說話空間，我可以靜心練習聆聽的感受力。

和沉默的人聊天，讓我懂得語言和瞭解之間，確實存在一種神祕的關係。

和沉默的人聊天，彼此捕捉默契，總會凝視著特寫的神容，而眼睛對著眼睛的交談正是我最愛的狀態。

和沉默的人聊天，絕少看到自我感覺良好的得意，卻可多聞自我觀點的堅定。和沉默的人聊天多了久了，我懂得沉默是一種藝術、沉默是一種修養，沉默甚至是一種強大的自信。

沉默的人，往往能不被好大喜功的心性挑逗、不以消息靈通證明自己存在、不迷信社交是一種社會資產，所以沉默的人也往往粗茶淡飯最能交得益友，孤陋寡聞也形同反璞歸真。

我的個性自來很急，但是學得再慢，還是陸續從很多安靜型朋友身上悟道。在團體團聚團康生活裡，我再也不急著說話，尤其不急著說自己知道的關鍵話，因為太多事的知道或不知道，跟我們如何展示自己的人生價值完全沒有關聯。

多數評價聲音已經認為，上談話性節目追求說嘴通告是負面的生存術，那麼在生活領域裡，怎能再用任何道人長短的灌漿術汙染自己呢？愛這麼做的人，如同研墨自抹，黑到的，只是自己。

沉默並不意味是絕對的個性優點，只是沉默、沉靜的朋友，對我有神祕的吸引力。

我也喜歡幽默風趣甚而嘰嘰喳喳的朋友，但是這樣熱情的人也有共通特質，大多數都偏愛大堆頭聚會。人一多，談心就成了不可能，吃啊、喝啊、笑啊、唱啊、鬥嘴啊、耍寶啊……那就是另一番景象。

借用自己製造消遣話題，這是幽默風趣境界；借用話題來消遣別人，就很容易顯得尖酸刻薄。最好的朋友之間，相信也偶爾會因為自以為的幽默，發生擦槍走火的意外。

敢酸別人，就要敢酸自己。曾多次聽過開玩笑開翻臉的事，深深以為最是不值。

人的痛點不一樣，人的解讀不一樣。如果甲的趣味在乙的感受上是一肚子惱火，那就應該偃兵息武，快快求和。朋友是可以打情罵俏、胡說八道，但是朋友不要一怒燎原、一語成讖。

直覺和感覺是孿生的，像戲劇一樣，所有去留、遠近、濃淡、親疏都不是突然發生的，而是鋪排疊架後的必然。

對說任何話的人、對人說的任何話，都不必利刃相向。生活不是嚴重或嚴肅的事，讓自己舒服很重要，但不讓別人不舒服也一樣是重要的。

有時扮演一下沉默角色，聽另一個沉默的人說話，其實滿輕鬆的。

從不捨得讓誰難過

我知道，我的粗心，也曾讓人不好受，
但是我看自己的初心與本心，我真的不捨得讓誰難過。

在職場生涯裡，我個人的作為平庸簡單，可是因為看得到別人的真善美、聽得出別人的虛實意、寫得出別人的喜樂痛，多數的工作對象願意對我敞心。受他們光芒或憂傷的潤化，我期待自己成為一個更有誠懇度的媒體或文字工作者，這些內心的豐獲與謝念，不是履歷表或經歷記事所能記錄的。

世新畢業的學歷、欠缺姿色的相貌、眷村孩子的背景、智商一般的反應，讓我明白我的人生沒有厚實的條件，所以凡事不可投機。

因為不可投機，更要加倍取巧。

我對取巧的翻譯是：盡量避免做讓人難過、難堪或難受的事。

但是我的工作、我的修養，難免會有讓別人不舒服的時候。

對我而言，讓別人不舒服就是違心的行為，最耿耿於懷的終將是自己。所以舉凡讓別人難過的事，我都歷歷在心警惕再三，也為自己的成長加添了借鏡的經驗。

如果我曾經讓誰難過的，請原諒我。

李敖和胡因夢簽署離婚協議的次日，《民生報》獨家刊出。

李敖來電話：「高愛倫，妳看到了嗎？我要告妳。」

我敬答：「我並沒有看到，但是我知道現場有哪些人，需要我陳述名單嗎？」

我硬話軟說，不想以氣勢占上風，只想讓對方舒懷，所以我繼續說：「如果我帶給你困擾，我現在以私人立場向你致歉；如果你要告我，那律師信可以寄到忠孝東路四段五五五號編輯部。」

當然，我和李敖對這則新聞很快就轉入和平對話，沒有釀成任何衝突，因為讓人難過的是事件本身，而不是我有失衡失真的報導。事實上，我用了更多的同理心去體察——他們的不同不是誰的錯。

我用過一張相片，是一位作家與旅歐藝術家的甜蜜照片，但是當時民風保守，我所看到的「甜蜜」對當事人而言是不宜侵犯的「親密」，所以一狀告到大老闆惕老辦公室，惕老把我叫去問話，我據實以答，惕老笑笑：「高愛倫，妳很會跑新聞啊！」

我在工作上被賦予的信任，並沒有因為這個告狀受影響，但是我內心對當事人是感到抱歉的。

在《大成報》做總編輯的時候，行政主管的主要工作是督導、把關、鑑定新聞內容，可是有時我也會被要求寫新聞，因而不得不報導張琍敏失婚事件。見報後，她在電話中相當難過地說：「我們是朋友，所以我們之間沒有謊話，妳為什麼要寫出來？」

在傾聽她的情緒過程裡，我沒有申述、沒有抗辯、沒有插話，只在她宣洩完畢後，說了一句話：「如果有任何人問到這則新聞，妳就回答：『根本是高愛倫亂寫的。』我會默認。」

我跟她迄今仍是好友，事實上經過這件事之後，她從來沒有懷疑我是不是一個可靠的朋友。當我生活歷經相同的傷痛時，她對我的安慰、逗我笑的善意，我一一領會。

秦漢發生婚變時，我謹慎落筆，不希望任何一方加重劇痛，但是當時我處在「跟誰都是朋友」的位置，讓元配邵喬茵對我產生諸多合理的猜測、不信任，直到她到臺中作秀受到誤解的批判，她來電話：「我現在才懂得妳的報導一直在維護我。高愛倫，妳為什麼都不出現？妳為什麼都不再來訪問我？」

我很心疼這些結果，但是當時愛莫能助，我告訴她：「我媽媽過世了，我在喪假中。」

那時我才二十六歲，真的還很年輕，但是我已經對那個年代的很多人、很多事洞察到——人的關係，往往動於真心真情，也傷於真心真情。

做新報紙《星報》的時候，因為類型年輕，編輯部都是小青年，我聽信孩子受委屈的發言，在新聞圖片上以自以為幽默的方式處理一張相片，對當事人陶晶瑩是極大的不禮貌行為，這真的是我職場幾十年來，唯一必須公開致歉的戲謔。對同事的護短，竟然造成別人的困擾，我懊惱又慚愧，特別找小燕姐請她代轉我的歉意。

我初入出版界任職《電視周刊》時，曾為小燕姐，也為鳳飛飛、劉文正、崔苔菁、陳莎莉、甄妮寫過長篇連載，小燕姐算是認同且誇耀我的知心人，她曾說過：「妳寫人物像是美化環境，寫誰，好像誰就完美了。」

相信是因為小燕姐幫我美言與疏通過，兩天後，陶晶瑩反而快遞一束花與一張卡片安慰我，我泫然。謝謝妳，陶晶瑩！

我還做了一件對不起人的事，那就是林鳳嬌。這也是需要強烈道歉的。

那年，我為林鳳嬌寫《民生報》長篇連載，她交給我三本童年與少女時期的相片簿，刊完之後，我沒立即歸還，搬了兩三次家，相片簿遺失了。

我到香港，她追著我要相簿。

她到臺灣，我約陳念慈一起在南京東路馥敦飯店喝咖啡，反正不管我解釋多少次，她又責一下我遺失她相片簿的事。

有一次，邱素惠去國賓飯店訪問林鳳嬌，素惠回來轉告我的第一件事就是：「阿嬌姐說妳欠她照相簿。」

前年成龍出書，去年成龍回臺北拍戲，兩次接觸，我免不了要問問林鳳嬌近況，經紀人李慧良EMMA總會附加一句：「阿嬌姐說妳弄掉她的相簿。」

我說：「全世界都知道這件事了，讓她念念也是應該的。那真是她非常重要的珍藏，我的確太不應該。」

好在我也為成龍冒險犯難過，希望能因此讓阿嬌對我罪降一等。

那年，成龍一部大片《A計畫》的NG片被製片公司侵權剪成《B計畫》，並準備上片，連嘉禾公司都左右為難不知該如何處理，我居然敢寫出來上了頭條。隔一天在西門町電影街遇到嘉禾分公司經理李渝。

他問我：「拿到金牌沒？」

我不解：「什麼金牌？」

「他們叫我們嘉禾不要多話，說記者不會再寫這件事了，因為他們打了幾面

『沉默是金』的金牌送給大家。妳的那面金牌還是最重的。」

有關「沉默是金」金牌的分送，當然是相關製片人揑造的笑話，隨後也就風平浪靜。

現在想來，我寫新聞不嗜血，但有點刀口舔血，這樣的勇氣如果發生在社會新聞上是仗義，但在影劇路線上值不值呢？

香港演員夏文汐很紅的時候，來臺灣拍戲被臺灣製片界搶得很凶。當時經紀她事務的女製片人帶著她東藏西躲，大概被周圍製片組對象逼急了，覺得自己保護傘不夠大，就傳出一套說法。

有一天，喜翔打電話給我：「姊，夏文汐住妳那兒？出來談談嘛！她一直躲通告，影響到很多人。」

「誰說夏文汐住我家？歡迎你來探望呀！」我大驚，因為當時夏文汐神祕的連我都找不到呢！

喜翔是演瓊瑤電影時期的藝名，後來改回本名，就是現在的金鐘影帝金介文。近年我們一講到這事，兩人都哈哈大笑。我說：「如果有必要，我只助人，我不藏人。」

我知道，社會上有很多聲音是輕蔑我所走過的行業！他們既想親近又有畏懼，既要利用又要反制，在這樣的矛盾中，其實絕大多數記者都受累職業的原罪，我們似乎已經形成另一種明星類型，不管怎樣認真對待自己的工作、怎樣認真理解事件的真相，所有還原現場或拆解虛實的努力，仍然不可能滿足每個角落的主觀評價。

我尊重自己曾經安身立命於此，我永不、永不、永不批評我的同業。

我知道，我的粗心，也曾讓人不好受，但是我看自己的初心與本心，我真的不捨得讓誰難過。

朋友們在檢視自己的人生時，越來越愛自審人生追求的各階段宏願。

我一向胸無大志，但因為一直不捨得讓人難過，也一直盡力如此，就逐年逐年確認成一篇簡略的生平：如果有一天我永恆的躺下，希望偶爾想到我的人會覺得：嗯！這人還不錯。

如此而已，真的如此而已。

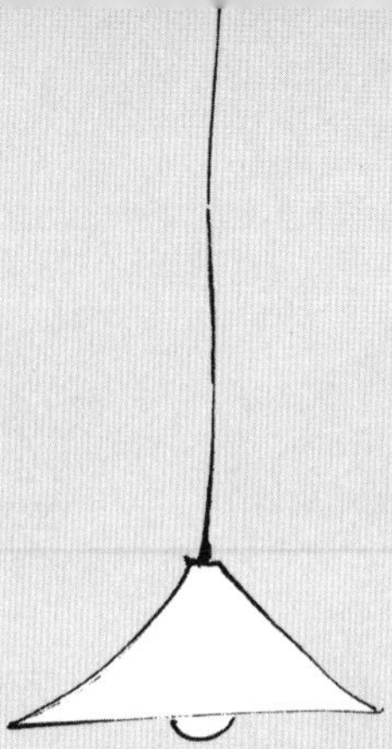

第 2 章

有一種漂亮叫活出自己

你笑，你就漂亮

當我開始笑的時候，
愛情才重新來拜訪我，友情才絡繹不絕的來挽回我。

我翻閱舊照片，畫面中的影像只有四個字可形容——花成一片。

我喜歡花衣裳。

曾經有一次，遇到度假的美國老太太，她坐在輪椅上的身軀完全就似一座色彩繽紛的花園，配上她燦爛的笑，每一個輕微動作都像花朵的抖動。我心裡想著：老了就要像她，花團錦簇，生意盎然。

可是根本不等老，我就像她了。

灰黑白，常是時尚的註解。可是在我家，連電腦的灰黑白都未能調色精準，其他就更別說了。

我姊打開我的衣櫃，總是匪夷所思地說著她認為匪夷所思的疑問：「這一櫃子都是花不溜丟的衣服，妳每天到底是怎麼配衣服出門啊？」

實不相瞞，我看到舊照裡的舊衣，都好後悔把那些衣服淘汰掉了，因為實在花的太美，而且我脖子長，那時喜穿襯衫，現在要買襯衫都很難找到啊！

我來得個愛穿新衣服，到處瞎買，從七九九、六九九、五九九、四九九、三九九、二九九，一路買下來，有一次買到一件七十九元的花衫，我兩個姊姊說：「這一定是人家丟掉的二手衣服拿到菜市場賣，妳小心一點，不要穿出壞運氣。」這我倒仔細，確定檢查過是沒有奇怪痕跡的新衣服，拍照時，又美得慌。

一位大朋友，以命理學點化迷津，跟我說：「愛倫，妳火性個性，應該少穿紅色，多穿綠色。」如果不穿紅色，我得丟掉三分之二的衣服，表面節儉實際清貧的我，當然很難下決心讓自己煥然一新。

有一次，我穿了一件自己覺得得意的襯衫赴約，曾是九點半天后並經營過六家服裝連鎖店的王淑娟說：「高姊，這種衣料早就不出了，妳真有本事還留著這麼遠古的衣服。」

那又實不相瞞，我並沒有覺得尷尬羞澀，反而很樂的跟淑娟說：「我在捷運地下街買的呀！別嫌我，這種花色拍照最漂亮了。」

淑娟搖頭，自那之後，她默默地開始打扮我。

她把恤衫跟卡基布褲子配好，還配情人裝呢，幫定南也搭配了一套，說：「你們是老外身材，就照老外的穿法吧。」她翻找了多口袋背心、多口袋牛仔褲、小尺碼短版的恤衫，迅速奠定我瀟灑帥氣路線；當然，她也教我如何穿淑女一點的洋裝、禮服，提醒我坐站別駝背、走路不要外八字……最後還認真叮嚀：「妳跟大哥氣質出眾，千萬不要發胖喔。還有，妳要不要考慮把以前所有衣服都出清？讓穿著風格統一？」

出清舊衣很為難啊！姑且閒掛在衣櫃裡吧！但會盡量穿淑娟教我的搭配外出，導演朱延平至少說了十次以上：「怎麼回事？你們一次比一次年輕？」

這一切都要謝謝王淑娟。

因為淑娟的耳提面命，我在穿著色彩上樸素很多，但是不花可以，不鮮豔仍然不行，此後，單色的大紅大綠仍是我的穿衣主軸，其實這都是我明朗之心、透明之心、耍寶之心、熱情之心的彰顯，穿到現在，不是紅配綠臭狗屁的搭配，簡直就不懂該怎麼出門。其實在我眼裡，紅配綠，真的最美麗。

豔麗色彩讓我覺得安全，但是對於其他的奢華，我完全無動於衷。

遷新居的時候，附帶裝修的設備中有兩盞水晶燈，朋友陪看屋時，說這兩盞燈是畫龍點睛，顯出宅屋的金碧輝煌，但是對我而言，這兩盞燈完全不符合我的身家。一個大亨如果指戴玻璃，人家會說是全美白鑽，但身價一般般的人懸著翡翠，人家會說那是電鍍假玉。我對奢儉不偏不倚，不喜攀高也不嫌清寒，衷心偏愛務實路線，所以從一開始就跟水晶燈勢不兩立，最後當然是我贏了，終於用一片超薄型吸頂燈取代了那樣亮亮晶晶也神神經經的貴族裝飾。

水晶的高貴不吸引我，玻璃的一眼看穿卻讓我醉心。

不要馬克杯，不要骨瓷杯，我喜歡用玻璃杯喝咖啡。

我有過很昂貴的骨瓷杯，真的很昂貴，貴到我不敢持用喝茶喝水喝咖啡。

有一天，我以絕對央求的態度跟朋友阮虔芷說：「拜託妳拿去，如果用來觀賞，妳有適合的展示櫃；如果用來使用，妳有適合的貴客。放在我家，我連坐姿都配不上骨瓷的氣質。」

我吃鐵板燒時，一個服務的師傅說了一句讓我印象深刻的話。他分配鐵板上一顆顆米在蹦跳的蛋炒飯給客人時，語帶笑意地說：「在這吃的蛋炒飯價值五百元，如果打包回去，這蛋炒飯就只值五十元了。」物盡其用與物在其所，才能顯出物的價值，因為家庭教育的潛移默化，我這一生始終沒有什麼特別在乎擁有或持有的物質吧！

我長了一副下垮型八字眉，看起來有點嚴肅，大姊姊朋友把「小八子」這個外號叫響了。經朋友再三調教，我從善如流的開始畫眉，但每天出門，兩道眉毛一高一低、一粗一細，連眉型都很少相同，這樣搞笑的過了很多年，直到阮虔芷看不下去把我帶到喜悅的繡眉老師面前重新塑型，我才因眉飛而色舞，整個人都提起精神。

我去深圳住在龍君兒家一個月，她天天嚷著要把我黑髮剪光，催我留白髮，最後果然如此並獲好評，她的室內美學概念顯然在我臉上發揮了作用。對自己總是過時的穿戴，因我善於自嘲與搞笑，倒也時時自在，這些年很謝謝幫我找型、塑型、定型的朋友，讓我老來風采猶勝年少。

在謝念之餘，我有一個簡單的心得想跟大家分享。我曾憎恨人生，我曾怒目劍眉，但是我在一夜之間的一念之間，決定窮力找回笑容時，我的人生開始澈底逆轉。

面容固然是生命的底蘊，但是笑容才是生命的顏值，一樣的一張臉，鐵青過、黑紫過、木然過……當我開始笑的時候，愛情才重新來拜訪我，友情才絡繹不絕的來挽回我。

我傷害過自己很久，現在整理心內河流轉道的起始，可以找到答案。我，不是傷癒才會笑，而是會笑之後，人生真的就只留下好笑，凡事笑笑就好，真的，笑一笑，就好了。

我在穿錯衣服的年歲，用錯待人接物的表情，所以日日雪上加霜，頓悟而醒之後，雖然還是不擅儀容之修，但笑容糾正我面對所有狀況的癲狂。

如果你在挫折中，請相信我告訴你的，笑容不一定能克敵，但笑容一定能壯大逆流而上的能力。

你願意笑，你的人生就會漂亮。你會看懂自己的需要，也會選對自己該走的路。

黃豆芽都不黃了

生活裡，若目視、耳聞、口述、交談，
都能保持最接近原意的焦點，那麼心就能保存不離題的感應。

坐在餐桌前為黃豆芽摘鬚，摘得心虛，摘出心思。怎麼黃豆芽都不黃了？一根根像細牙籤，不是那麼精神，不是那麼誘人；是水耕使然？是生機培植？健康和美感真的是無法兩全？到底能不能多吃？

黃豆芽不黃了，已是常態，連帶的覺得蕃茄也變得很彆扭，用這兩樣來燉排骨湯，鮮少會像過去在湯面上泛出一層漂漂亮亮的金紅色澤。

這讓我想起李宗盛為柯達膠卷寫過的一首廣告歌，歌詞全意我不記得了，但是當時對他簡單唱出「紅就是紅」、「藍就是藍」、「黃就是黃」的印象深刻，他摒棄所有的花俏形容，點畫「正色就是最鮮明的顏色」，既直接又精準的留下有關色彩的記憶點。

原味與原色，似乎已經成了新世紀的老土，食衣住行都在推翻原生的傳統。所以食物裡悉心包裝著黑心；內衣外穿是最大的時髦；住家偏愛拆除解壓牆的隔間；沒錢也要租跑車拉風闖禍。

別項的流行與跟風，都可透過個人選擇，解除麻煩或憂慮，唯有對於吃喝進肚子裡的餐飲，我們一方面無可避免的陷入最大的危機，一方面又被激勵開發返璞歸真的餐飲習慣。

我周圍的朋友，有三成以上具備家庭私廚的烹飪或烘焙實力，有二成以上則以小買賣方式分享成品，這就是民間對抗黑心食物的暖心互助，也是對社會相當具貢獻的一種「民粹」。

日常中，鄰居朋友你來我往的食材、食物分享，就是上世紀以物易物精神的延續，我特別喜歡這樣的互動關係，覺得食物裡多了善意與誠意的美味。

自栽自種的菜，雖因不用化學農藥而有蟲噬痕跡，但這樣的不漂亮外貌卻標榜出無毒的內在。

一年三百六十五天，每個人早午晚餐加總起來至少一千餐，我因為生活圈互動習性已養成，以每週二次外食的保守統計，我年度外食餐至少一百次，高油高糖高熱量不是我最不適應的部分，我怕的是雞精、味精、鮮味精，這些添加物不僅造成食後極渴，而且狂飲開水也不足以解渴。不喝甜水的我，為了解渴，通常外食完都必須喝至少一罐的碳酸飲料，這對新陳代謝造成更大的阻礙，以致肥胖相隨。

偶或在家進餐，我堅持吃水煮無油餐，先生面有難色，我提醒他，我們曾發生在兩年內共重十二公斤的慘劇，我非常清楚地讓他明白與接受恐嚇──過了一個界線後，不管多小心，這肥頭大耳都不可能再回到從前的清秀細緻了。

朋友喜歡來家裡吃飯，說我家私房菜好吃，其實這是溢美，我家菜的好吃，不是好在全然的廚藝，不是好在烹調的創意，而是呈現最原始原味的安全。

我家廚房的調味料只有油鹽醬醋甜麵醬、胡椒米酒辣豆瓣。先生不喜歡食物以外的香氣，所以除了桂花，我們對各種香料都沒有研究與嗜用習慣。

食物來源安全，食物就一定好吃，我家所有葷食都是採購後立刻急凍保鮮，安全安全再安全，我自己扮演最精密的檢查崗哨。

如果在我家餐桌上出現食物風暴，我想就是油、醋、醬的原始釀造出了問題，或者米、麥、麵粉、橄欖油等原料涉嫌黑心，一旦原料本身就是問題，食安的危機就真的淪落到防不勝防，我們再小心也無能無力了。

因為朋友熱情，家裡甜食充沛，自製的千層派、老奶奶糖霜蛋糕、芋頭奶油卷、綠豆黃都不曾斷糧過，伴手禮的蛋糕、帝王酥、起司條、鳳梨酥、蛋捲更是讓我急於分送以求自救；此外，基於閒不住，我們常炒豆沙，做豆沙鍋餅、豆沙包、芝麻包、自製酒釀……為了健康，最近終於進入「戒甜」階段。

有朋友怕水果入菜，我則怕水果入甜點，吃甜點一如吃菜餚，我都習慣吃原味，朋友送奶油卷時會送兩條，說：「有草莓（奇異果、芒果）的請妳家客人吃，沒有草莓的留給妳自己吃。」

吃水果就吃水果，吃蛋糕就吃蛋糕，即使在最知名的糕品店，看到布滿水果的蛋糕還刷上亮晶晶果膠，都會暗嘆美女抹上胭脂俗粉，一口食慾都沒有，但這只是我很個人的食用習慣，並不含藏其他的鑑定。

在黃豆芽都不黃的世代，食物無不妝點過度，像鮭魚的金紅會脫色，豌豆的鮮綠有點刺眼，枸杞金針到底該是哪種程度的紅？吻仔魚得了白化症，咖啡口味的饅頭比咖啡還香，杏仁茶濃稠一如羹湯，講究彈牙的丸物無不脆到蹦蹦跳……所有的原型食物都變成異形食物，但是我們一方深信「好吃的不健康，健康的不好吃」，一方面又親自獻上人體實驗，挑戰改變改造卻並非改良的食物。

黃豆芽都不黃的疑慮，還衍生很多類似的感覺，比如：每天傳播的謠言妖言比傳遞知識學識要多；每天滿嘴跑火車的時間比交換新知的時間多；很多的初心本意都被氾濫的雜訊淹沒了，所有的直覺取代感覺，所有的團體意志取代個人意向；人們在鋪天蓋地的重播事件裡咀嚼讓生活粗鄙的話題。

手機的便捷，阻絕眼眼相望、句句真切的交談方式，我怕自己陷入不可自拔的低頭行列，每天開手機的第一件事不是看訊息，而是刪訊息，因為需要知道的事再也不會比需要隔絕的事重要。

生活裡，若目視、耳聞、口述、交談，都能保持最接近原意的焦點，那麼心就能保存不離題的感應，好像一盅原汁原味的湯，或濃或淡都好喝，但是滋味太複雜，味蕾也會迷路。

電視上常見店家渲染湯頭燉了八小時、十二小時、二十四小時……這樣的湯頭在我的心情上簡直就是一鍋餿水，我連吃小火鍋都請店家把高湯換成清水，怎可能對重金屬煮物產生認同？

黃豆芽正確發芽該是什麼樣子，就讓它是什麼樣子吧！生活裡的事也依然，因為原貌往往是好樣貌，如果要改變，所有的改變都是為了更好，不是為了更壞，或是為了更便於欺騙。

驚嚇也是一貼藥

我天生膽小，凡事算輸不算贏，因為知道自己輸不起，就根據預防醫學概念，透過很嚴密的醫學科學做防衛性的和平投降，預防了一次可能釀災的意外。

我有一絲驕傲，在六十五歲的日常，除了有一搭沒一搭的補充一點維他命B、維他命D、葉黃素、膠原蛋白之外，不但沒有吃任何慢性病藥，而且極少針對年齡的必須，以例行驗血觀察健康數據。

我的胃口總是很好，我知道最理想的食量是「吃到不餓就好」，偏偏我的界線是到「一口都吃不下為止」，如此放肆挑戰代謝能力，心裡不是沒有緊張過，可是又安慰自己，五穀雜糧、洋蔥茄子、水煮鍋蒸、彩虹蔬果的家常餐，應該可以中和平衡我的過量營養。

胃食道逆流完全是吃出來的「毛病」，所以我沒有把這個嚴重症狀當作「病」，依然不知節制飲食與甜食，周邊朋友們吃藥三個月可以痊癒的逆流問題，我卻花了一倍時間還是症狀嚴重，常常半夜在床上立坐狂咳，以為是心臟病發作。

這半年不時發生後背劇痛至發燙的不適，當劇痛密度持續提升時，我真的有點慌張想向我的心臟問安了。但念頭帶不動行動，想歸想，我仍受困爸爸當年在醫院長睡不醒、自己曾經一年看五十四次門診的精神官能症兩項痛苦記憶，這雙重障礙形成看診問診的抗拒力，於是終日徘徊不絕。

曾在《蘋果日報》開專欄，以撲克牌論運勢的「紅太陽」林季穎，很受朋友口碑，大家太熟識了，也毫不客氣把她的專業當成一種娛樂，每每聚餐，一定要求她翻牌並解讀運勢，我，卻從來不為所動。

這天飯局，我和「紅太陽」最早到，知道她還是隨身攜帶撲克牌後，我突然脫口而出：「讓我翻張牌吧？」她很開心地提醒：「想問什麼，先在心裡想好。」

哪有什麼要問？不就是想問問健康嗎？

一翻牌，是一張黑桃八。

黑桃八是好牌，如果玩接龍，是絕對可以順利出牌的，可是這張黑桃八讓我看得很不安，我直覺地問紅太陽：「論健康，這是一張壞牌嗎？」但她答得技巧：「這不是壞牌，這是提醒妳的身體需要檢查檢查、調整調整的好牌。」

我心裡很嘀咕，就蓄意追加另問幾樁近期都會有結果的事，翻出來的牌都是心想事成、鴻運當頭。反正只要跟健康無關的提問，張張都是吉牌。

飯中，大家都知道我翻出一張黑桃八，但是每個人一向把翻牌當作遊戲，唯獨坐在我旁邊的王美娜真真實實感覺到我的憂心忡忡；第二天一早，她訊我：「健檢排好時間了，不要在家瞎猜，讓數據為妳健康打分。」我還真有出息，問她的第一句話是：「全身健檢多少錢呀？」

王美娜是我的救命恩人，如果不是她不由分說地強制安排，我不知道會拖多久才發現這個要命的危機。

十月五號，健檢報告顯影腦動脈上有一顆〇・四公分的動脈瘤，振興醫院腦神經內科顏尚易醫生說：「肺部出狀況，有葉克膜急救渡險，腦動脈出狀況，就……就很麻煩了，搶救的癒後狀況通常也很不理想。」他認為事關重大，推薦我立即去聽取他在榮總的老師之專業分析。

十月十一號，到榮總看放射線科主任羅兆寶門診，羅主任透過一張說明書解說，又透過另一張說明書分析：已達〇・五公分的動脈瘤三年之內中風率是百分之二十，而且預後效果非常不樂觀。

你是我，你會怎麼決定？再等等、再看看？因為這顆〇・五公分並不是立即性的危險。

現代醫學，有太多醫療觀念呼籲可與疾病和平共處，但是動脈瘤是個驕縱的個體戶，醫生們都承認它有不被控制的野性，和平共處的選擇權完全不在宿主的身上，如果有一天它脾氣爆發，人不能收拾它，它卻可以把人收拾了。

預防醫學就是以預防疾病的發生來取代疾病的治療。

我不賭命！我不賭運氣！我不賭〇・五公分究竟夠不夠狠，因為再多籌碼也輸不起這一把；好在手術的成功率百分之九十五，我當然要挑戰，否則日後日子也很難過，因為誰都不可能有把握做到不驚動〇・五公分風險。

十月二十五號，我住進榮總。當晚，醫生要求簽署次日手術相關的七份同意書，他們說明已把所有可以想到的意外都做術前防護，常聽到裝心臟支架是局部麻醉，沒想到我裝白金線圈進入腦部動脈血管卻是全身麻醉。

術前一晚，兩隻手背與腳背的動脈處都標記了雙十字座標，同時術前在病房即動脈埋針以防要意外輸血，醫生又加強解釋，進手術室麻藥後即進行插管，以防呼吸系統有危急狀況；術後，傷口有加壓沙袋止血，必須保持平躺八小時，不得下床，所以要插導尿管……

以上總總醫療準備事務，是我在事前完全不知道的，突然要簽這麼多同意書，真的被嚇到想回家。

唯一笑點是住院醫生問完我的資料後說：「阿姨，妳好健康喔！」

然後次日在手術室前麻醉師再細問一輪資料後也說：「妳這麼健康喔！」

手術前後三小時，到恢復室等甦醒三小時，再進加護病房觀察一晚，次日中午回普通病房，如果不是有一點點發燒，我更可以在回普通病房的同時就獲准安全的辦理出院。

醫師娘朋友事後聞訊告訴我：「妳的運氣好，發現快，也決定得快，多年前我的醫生朋友發現動脈瘤，當時認為瘤不大，想等退休後再好好處理，結果退休第二天，瘤就爆了……」

動脈瘤超過〇・五公分是必須處理的，但是就算很小，還是有破裂的可能。關於腦動脈瘤，我自己認知的結論是：管它是大是小，只要破裂，殺傷力、致命性是一樣的。

我天生膽小，凡事算輸不算贏，因為知道自己輸不起，就根據預防醫學概念，透過很嚴密的醫學科學做防衛性的和平投降，預防了一次可能釀災的意外。

在我平安度過這次意外後，我同時發現我健康底子還真的是很好，所以我更不該因為貪吃而改變我的條件。

驚嚇，對我，是最有效的一帖藥。

一場不是病的病，讓我體會和管子、針孔同眠是必須盡量避免的災難，就算這樣的控制率不是在我們手上，我們還是可以為自己的健康多盡點心、多盡點責。

來我家「客」飯唄！

所有的陪食、共食、團食，不是一門生意，
而是個人生活的局部團體化，晚餐不該是填飽肚子而已，
晚餐必須是充滿歡聲笑語的快樂時光。

也算是發夢吧！我想要開發一個新興行業，叫做「家庭『客』飯」。

六年前，我想從臺北遷居到高雄，準備認真實踐我的活力銀髮計畫。

我和先生在高雄眾多大學的附近看房子，只要能力許可，我們要買一個有院子的透天屋，必須有院子的理由很簡單，用來滿足我晒床單的嗜好。

我是這樣打算的，反正膝蓋已經不宜爬樓梯，我們自己就住在一樓，二、

三、四樓租給附近的大學生，不但房租低價，而且每天供應營養早餐。此外，每個學生房客在每個星期天必須與我們共進晚餐，這天，他們還需要輪流洗碗與澈底清潔爐臺；我們格外歡迎他們的父母能在這天前來同享家庭晚餐，親眼觀賞自己的孩子做家務。

幾歲算老？我不知道，反正各自解讀不同，難用年齡來界定。但是我相信每天在家看電視、打瞌睡、吃零食、滑手機、發呆、發傻這樣的日子，是會催人老，也會逼人退化的。

家裡有學生房客，當然就有了年輕的聊天對象，透過他們，可以悉知電視新聞以外更真實的校園價值觀、人文潮流、社會脈動，但是房客終究不是自己的孩子，再大的關切度，都比較容易控制在不越線的範圍內，這樣，我除了是他們的長輩朋友，還可以做他們長輩的朋友，讓寄宿孩子的父母大大放心，如果這算是多元家庭類型，那發揚的將是國際交換學生寄宿家庭的精神，說不定還可以潛移默化優質傳統倫理呢。

但是空想幾年下來，終究未成事實。

二〇一七年中，我搬離臺北入住基隆一千八百戶大型社區。大型社區有著令人驚奇的團購力，生活日用品與生熟食訂單不但每日開團，而且項目繁多，搶購如潮。鄰居私廚的烘焙、麵飯便當、創意蛋糕更是限時訂購，熱鬧蓬勃。

先生喜歡「玩麵粉」、「玩糯米」，在家陸續做過粽子、蛋黃酥、蔥油餅、紅豆年糕、蟹殼黃，請鄰居分食時，有團購經驗的都會熱情表達代接訂單的意願，我們很高興的笑了，但是贈比售有福，因為沒有裝備不足的壓力，沒有產量不及的壓力，沒有食評不優的壓力，沒有萬一失手做壞一爐將不知如何是好的壓力。

我們所做一切，單純地樂在分享。推薦好朋友的「一姐滷味」、「58度高粱酒香腸」、「小杏運杏仁奶」由他人組頭揪團掀起銷售高潮，也很開心。

不斷適應新環境，不斷認識新朋友，不斷得到新快樂，當安定和穩定奠定出一種安全感時，「家庭『客』飯」的念頭再度浮現腦海。這次的對象不是大學生，而是一大群好鄰居。

好鄰居中有退休單身的，因一人難以料理，天天喝煲湯；有子女下班太晚，爸媽只能吃簡餐或隔夜菜的；有母女回到家才開始電鍋蒸上冷凍食品的……其實別說他們，有時我和先生兩人吃飯，也覺得食之無趣，十分鐘就草草結束。「誰來晚餐」真的是我需要的飯友。

我的先生喜愛烹飪，但是我對食安有歇斯底里的要求，習慣現吃現做，為了餐餐食畢，迫使他每餐只能做一道菜，他覺得這是「極大痛苦」的限制。

我多年前提出「家庭『客』飯」概念時，先生不以為意，總認為這個計畫牽扯到家裡會有租客外人，這次舊事重提，他可熱絡了，因為大社區裡的鄰居已多熟識，只要落單的、吃泡麵乾糧的、怕影響室內裝潢而避免開伙的……我們都歡迎穿著拖鞋來團餐共食，大家一起吃晚飯，聊聊日常、說說新知，既是搭伙，又是相互陪伴。

幾個鄰居朋友聽了這個計畫，都很起勁的要參加「團餐」，還給我意見：這是無菜單料理、這是自備碗筷杯的半自助餐、這是推動餐餐鮮食觀念、這是一人吃飯眾人陪食的幸福團……當然，因為這將是常態性同餐共食，所以要訂定伙食的一餐計費標準。

後來我才知道，日本早已在推展這種家庭共餐，民眾接受度很高，當然推行的範疇有一定的地緣關係。

家庭客飯跟家庭便當不同，客層也會不一樣。

家庭便當是量配食物，付錢取食，以果腹為主，沒有附加價值。

家庭客飯是自由取量與悠閒進食，在進餐過程中建立情感互聯關係。

我所想經營的「家庭『客』飯」就是傳統「客飯」與「客人來吃飯」的合併解釋，如果當真起動，必定是從熟朋友開始試營運，然後逐漸拓展到食客想要交新朋友的層面上。

先生想到每餐可以有六至八個鄰居朋友來共進晚餐興奮極了，因為這樣他就有權按照人頭數做六至八道菜，朋友來吃飯是解饞，他作飯是解癮，如果一個客飯價格，可以讓每個人吃到多樣性的合菜，而且每頓晚餐都充滿圍爐的歡樂氛圍，吃飯，就成了道地的享受，身體健康應該也會得到良性的循環。

團餐共食在經濟上的優點也很多，第一，攝取內容豐富。第二，按量備食不浪費。第三，公筷母匙不影響食物潔淨。第四，剩食可以買一送一認養。第五，各家的庫存食材，可伺機以物易物加以運用，以上所有都是在貫徹食物環保。

公益宣導短片多次有著類似畫面：父母驚喜子女要回來吃晚飯……立刻歡天喜地又洗又炒的擺上碗盤……最後……孩子改變主意不回來了……一雙父母或僅一個老爹老娘，孤孤單單、默默無言吃著有點蒼涼的晚餐。

這個影片對我深具啟發性，早早就未雨綢繆思量著「誰來晚餐」的重要性。多年來，我一直強烈提醒自己：要把家人當朋友，不要過度奢望家人的義務與責任；也要把朋友當家人，不要漠然低估朋友的溫暖與陪伴。同時維持這樣的三角關係，可以避免我臨老繼續專情，重複陷入對家人的依賴。

誰來晚餐是點燃社群營火的概念，鄰居是客人，也是客戶，所有的陪食、共食、團食，不是一門生意，而是個人生活的局部團體化，晚餐不該是填飽肚子而已，晚餐必須是充滿歡聲笑語的快樂時光。

來，來我家「客」飯唄！

只要沉溺，就該戒癮

你在沉溺什麼？不停地紛爭？追著一句話死纏爛打？充滿質疑？輕易對人下結論？把自己的觀點視為唯一的正義？

沉溺，聽起來，是一種缺點與缺陷；但是啥事都不沉溺，會不會也是一種孤絕與孤傲？

年少時，我有沉溺事蹟。

從自己隨手寫隨手丟的文字裡，隨時隨地都可以撿到隻字片語，咀嚼來咀嚼去，就是重複那麼幾樁無聊的感覺，好像想盡辦法提醒自己早該忘記的事，總擔心跳出泥沼就真的失去了什麼。

我相信很多人跟我一樣，沉溺過「害怕忘記」這件事而不自知。

其實害怕忘記的，從來不是人，也從來不是事，真正怕的，是在這些人與事的交集中所激盪的某種情懷從此斷絕記憶與回憶的滋味。而避免忘記的方式是弱化快樂並同時強化痛苦，因為人性中傷心的記憶與後遺症確實比開心來得堅定強大。

高興的事，往往說樂了就過足癮了；可是悲傷的事，卻喋喋不休沒完沒了。生活愜意的人不會盯著朋友訴苦，訴苦的人往往倔強的盯著一件事來回說，而且真的沒有說完的時候。

我演過訴苦者，也坐在對面位子承受過訴苦者。直到有一天我突然不耐的發輕吼：「不要再沉溺了好不好？」

「不再沉溺」這四個字在當時並沒有受詞，只是我不堪忍受重複又重複的陳述，對自己也是對別人產生情緒滾動。

每天晚上一下班離開編輯部，就去忠孝東路KTV唱歌；每次唱歌都會喝一肚子爛酒；每次喝完酒必點唱固定的幾首歌；每次唱到相同的段落就開始哭天搶地；每次唱到天光光才走出KTV；每次走出KTV面對微曦的陽光都睜不開眼；每次睜不開眼的刺痛都讓人憎恨著自己……

自從咆哮出沉溺兩個字之後，很奇妙的，並非下了什麼決心，但漸漸就不喜歡唱歌、不喜歡喝酒、不喜歡夜生活，甚至不喜歡風花雪月了……

六年前，朋友教我用臉書，我說這臉書太無聊了，但我還是用了。臉書用了一年後才開始覺得有趣，但是一覺得有趣，就又陷入沉溺。每天走到哪兒，眼睛看的，耳朵聽的，無不先在心裡記掛可不可以PO臉書？早上醒來還未睜眼，就順手先摸手機，明明沒有任何期待渴望的事，但就是要打開來瀏覽一遍才下床，晚上睡覺時，又要瀏覽一輪才關燈。

我煩透自己被臉書與手機綑綁，趁一次下高雄短住時，在有網路、有電腦、有手機的環境下「戒」臉書十天，結論是：好像也並不困難。但一回臺北，又故態復萌，顯然我忽略了時空環境的影響力。好在有了一次成功經驗，現在「拔溺」功夫尚可，有一段時間，晚上十點就關機，手機也不帶進臥房。

我的性格本質是不喜歡在定點定位上重複，所以只要「發現」自己沉溺於某一個特定屬性事務上，就會從「溺」轉變成「膩」，我嘻皮笑臉地自嘲，這不是喜新厭舊，這是力求突破。

可是我的不喜重複，有時也會被奇怪的蒐藏癖覆蓋掉。曾經我一副眼鏡戴了十幾年，我的智多星同事實在看不下去，就跟我說：「倫姊，換副眼鏡吧！太過時了。」於是我從善如流，下次相見，換戴一副八角形金邊眼鏡。

對我的「新眼鏡」，智多星說：「好看耶！」我說：「這是我念世新時戴的眼鏡。」她氣的虛脫，卻又笑的趴倒在餐桌上，這個時尚女王，卻也沒能分辨我這副古董眼鏡的流金歲月，可見得流行這玩意兒多少暗藏先入為主的印象；這副放在抽屜二十多年的眼鏡，當然是為了逗樂朋友才重新取出戴起來耍寶，之後，算是達成我的女丑使命，就正式淘汰了。

我有家族性的航空飛行恐慌症，可是過去一年，因為工作、因為聯誼、因為探友，我突破禁錮，陸續飛了深圳、西雅圖、溫哥華、澳門、北京、武漢、山東，雖然行前總是忐忑，但是每一次的旅程都帶給我新鮮的體驗與快樂。陌生的文化氛圍、地理風景、話題典故、食材妙搭，在在讓我興趣盎然，這些非常態性的生活變化，可以溢出很多聯想線頭，改變我因常態生活而僵化的情愫。

我的身家太普通，普通到對食衣住行的名牌追求與識別都無感，普通到在很多談年分的話題裡都只能無言。像秋天一到，很多人相約吃尊貴的大閘蟹，也在比自己一次吃幾隻；我迷惘自己懂得食物的價值，還是食物的價格？

我喜歡吃原味之美與烹飪滋味，我最不懂的推薦詞就是「這家很有名」，每次聽人家說「這家很有名」，我都好想不識相地問：「所以呢？那怎樣呢？」

我是個好飯團咖，除了時間地點，我從不問「有誰？」因為我沒有見不得面的仇家，就算有，信任邀請人，才是赴約的動機。

我也是個好客人，主人問我有什麼不吃的？我總是靦腆的據實以答：「真不好意思，我是飼料豬，什麼都喜歡吃。」

我自嘲飼料豬並無貶低美食之意，只是你問我喜歡吃什麼？我真的說不明白，因為餐桌上碟碗盤盆裡的菜色，對我而言都是最美的喜筵，所有食物都是生命的禮物。

以前有強迫症，幾張稿紙訂在一起如果沒有對齊，一定要拆了訂書針重訂；現在強迫症依舊，給朋友寫簡訊，如果發現有錯字，立刻複製修改好錯字重寄一遍。

除了不得有錯別字，其他什麼都不再沉溺，當然也不可能玩物喪志，如果都沒有事情可以上心、掛心、纏心，這樣好嗎？

你在沉溺什麼？不停地紛爭？追著一句話死纏爛打？充滿質疑？輕易對人下結論？把自己的觀點視為唯一的正義？

不再沉溺好嗎？單純的心，只要細看，都能吹毛求疵的看出龜毛與飛塵，洗掉沉溺還是好的吧！我想。

禮貌是心靈的微笑

主動問安，看起來像是贈送別人一個好情緒，實際上，這簡簡單單毫不費力的溫柔，是累積自己的好能量，是讓自己受惠。

禮貌，是從內在自尊自重自愛提煉出來的樣貌，在應對關係裡，不僅讓別人舒適，也能讓自己愉悅。

今年我住進一個新社區，一開始就充滿著慶幸，因為我遇到很多住戶跟我一樣，很習慣回應我喜歡的生活禮儀。

「新移民」有一種本能，為了快速建立群聚天性的安全感，都會以友善態度呈現自己，積極的力創敦親睦鄰機緣，希望發展建立新的生活圈；每次在電梯或步道裡遇到住戶，很多人都會微笑招呼，我為他們按電梯樓層會聽到「謝」，電梯開門他們也會欠身讓我優先說「請」，這兩個字，是非常有魔力的。

當然，我也遇到過當我問安的時候，對方會撇過臉或低下頭，我內心的解釋是——大概害羞吧？不習慣跟陌生人寒暄吧？

友善的問候，其實是需要經過自我訓練的，但既然這是一種愉悅的經驗，何不讓問候成為自己的習慣。主動問安，看起來像是贈送別人一個好情緒，實際上，這簡簡單單毫不費力的溫柔，是累積自己的好能量，是讓自己受惠。

我在寫過的文章中曾提到：「在我最悲慘又想爬出黑洞的挫折生涯裡，我力圖振作的方式就是每天出門前，對著鏡子訓練自己微笑。」那時我想，如果我要提升自己的心情，就必須給心情一個好的推動力，微笑，就是鼓舞心情的貼切表情。

只要心情好，笑容自然來，可是如果願意先讓臉上充滿笑容，那麼再大的低潮，也會被拉抬出漂亮的心情飛揚指數。

爸媽教導我們兄妹，看到長輩要起身問候、回到家要先招呼一聲我回來了、與人同餐不要翻攪食物與挑大選美……最重要的叮嚀囑咐是——如果做這些事的時候，聲音與表情都沒有笑容，做了等於沒有做。

所以，禮貌是透過教育訓練出來的。

問候語，也許都是廢話，但是問候語如同隱形的握手，就算換不到友誼，起碼釋放了自己友善的態度。

現在的新社區，每天早上在迴廊碰到清潔工與園丁，他們總是帶著開朗的笑容與明朗的音量，主動說：「你好」、「早安」！我確定自己在每一次的回應裡，都飽藏充沛的喜悅音符，心情甚至有一點小題大作的彭湃，我跟先生說：「這樣簡單的禮貌與友善，是何其容易做到，卻又是何其不易見到。」一個處處飄送禮貌氛圍的環境，不但讓人心曠神怡，而且很自然的就想傳遞這種滾動式的快樂。

年輕時，我多次去新加坡採訪影展，當時新加坡以乾淨整潔聞名國際。街道上車多如鯽，但是聽不到汽車喇叭聲，商店裡不管語言通否，一律以掛牌不二價交易，世界人種密集穿梭，可是沒有任何髒亂。

有一天，我因找不到垃圾桶，就把隨身垃圾裝在皮包裡帶回酒店丟棄。不敢隨手拋棄垃圾，不是怕挨罰，不是膽子小，是因為在一個高水平的無汙染空間裡，人的道德羞恥心都會被喚醒，這樣形容似乎太過嚴重，但當時，哪怕讓我隨地丟一張糖果紙，我都會覺得非常可恥，因為人家就是這麼乾淨、人家就是這麼守秩序，如果違規，不是怕被別人看輕，是怕會被自己都看不起。我想，這就是近朱者赤吧！

在二〇一七年天天三十七度的盛夏，我應邀參加《誰先愛上他的》電影演出，我明明只是一個微不足道的角色，但是劇組裡的年輕孩子個個禮貌周到微笑不退，讓我這樣急性子的人，在衣服溼透的酷暑中居然毫不躁狂。我突然想到，微笑固然是心靈的表情，但是禮貌不也是心靈的微笑嗎？

劇組的導演徐譽庭是臺灣行情最高的編劇，她對環保、對人文、對藝術，向有高度與高貴的熱忱，這樣的領導者帶出來的團隊，就是一支氣質隊伍，有能力有效率之餘，還能貫徹知書達禮的紀律。

再有一天，我去新店大臺北華城做客，當時主人家外出購物，就我和菲律賓外勞共處客餐廳，她雖然忙著做家事，但幾乎不曾停止哼歌或唱歌，那種愉悅氣息非常動人。主人一回來，我就大力讚揚：「你這個管家太好了，邊做家事邊唱歌，我都被她感染得極快樂。」

原來，笑容和快樂也可以透過教育訓練出來。朋友說，菲律賓出來的勞工多半經過職前訓練，被要求唱著歌幹活，這樣目的不是取悅誰，而是讓自己的舒坦帶動雇主愉快。這真是非常有價值的實務心理學，我可印證，一直以來，先生在廚房玩他最愛的食藝烹調時，總是會歌不成調的唱著……往往那個當下，他的快樂心就滿足了我的幸福感。

因為吸收能力過濾不了雜質，學習心得擋不住價值觀的汙染，於是我們選擇落伍與切割。電視，我陪先生看運動節目，先生陪我看電影播映；對於新聞臺、談話性節目每天十六小時以上不斷重播毒害人心與顛覆價值觀的選材，我們已經有五年以上的時間，完全不接收騷擾。每每看到惡人惡語的猙獰樣子，我都會遷怒政治人物與教改的瘋行，是他們教壞了社會，還是社會的壞分子躬逢其盛這樣的黑暗世紀？

聲音大不代表對，對手不申辯、不反駁也不意味懦弱失理，沉默大眾，大眾沉默，也許真的是鄙夷這樣的語言暴力文化吧？有什麼不敢飆的，是不屑飆吧？我離開舊職務的那年，比我小近十歲的小夥伴送我一隻加菲貓，附帶的卡片內容是：「高姊，希望妳永遠這般理直氣壯。」這句話生根至今，須臾不忘。我相信當時這句話是善意讚美，但我因而警惕自己：「如果我真的『理直』，那又何必『氣壯』呢？」

禮貌是心靈的微笑，微笑是心靈的表情；再有道理的人，一旦咄咄逼人，就是面目可憎。我提醒自己，再提醒自己，又提醒自己。

幫我買打八折的金條

你送我食材，我送你食物，你給我原料，我做出成品，這樣的分享共享，就是最好的餽贈境界。

在沒有網購的年代，進出國門，行前問一聲：「要不要帶什麼東西？」是一種交情，也是一種禮貌。

對友善提問的朋友我總是一個說法：「如果遇到金條打八折，你能帶多少就幫我買多少。」

朋友笑我說廢話，我當然是在說廢話，因為我始終沒有非用不可的東西，也更怕為人添麻煩。

年輕時，因為工作常常出國，每次都處心積慮為同事朋友家人帶禮物，這是整個行程中最大的開銷，像我這樣不逛街型女子，對任何物品的市價都沒有概念，當然也無從在乎價差，花多少錢向來沒有捨不得過，但是打包裝箱卻真的讓人憂煩。

年歲略長，我以同理心來度量別人的方便與否，同時決定讓自己相信「出國不帶禮，回國不送禮，也未必是一種失禮」，從此，我兩袖清風進出國門，從一向不麻煩別人貫徹到也不再麻煩自己。

我聽陳履安先生的演講，他說珍惜資源的方法之一就是把用不到的好東西盡快分享出去，我因而有感「只要物有所用，就不會形成浪費」，所以偶或接受別人的禮物，只要覺得短時間不會派上用場，幾乎不允物件寄宿就隨收隨送的立刻轉贈出去。

送禮物不是丟垃圾，就算把用不到的東西贈予他人，也要從誠意出發，贈予前，要不要檢查有效期限？要不要擦拭潔淨？要不要確認對接受者的實用性？否則豈不是假借大方慷慨之名，把自己家的垃圾轉移到別人家，造成別人收或拒的不安！本來不送禮沒事，一旦清倉意圖明顯，那還真是蓄意得罪人了。

旅遊開放後，我發現家庭伴手禮的風氣又重新回來了。兩大貨源，一是中國大陸的紅棗、枸杞、黑木耳，一是美國的維他命健康食品，不誇張，不但家家戶戶有這些物資，而且進進出出繼續買送，連品牌都一樣。

有人覺得拜訪朋友鄰居，不帶著伴手禮拜訪是失禮的，那麼換一個角度想，人家送禮不收，未嘗不是失禮。所以不要以為送禮是負擔，有時收禮也是負擔呀！

如果兩免，你不送，我也不送，也許並不致影響情誼或淡化情感。將自己的多餘物資，分享給其他家庭，是好事，但一定要彼此自在不勉力才是對的。

如果需要表達特殊的謝意，精心挑選禮物當然也是一種必須。

我住在都市時，鄰居在羅東有菜園，他們假日會摘了韭菜、瓠瓜送我，然後我們包了韭菜餃、瓠瓜餃回贈，你送我食材，我送你食物；你給我原料，我做出成品，這樣的分享共享、這樣的餽贈溫情，是我最喜歡的。

我的同學住在敦化南路一百二十坪的豪宅，她告訴我：「我有六十坪是塞滿我這一輩子都不會再用到的東西。但是我也不知道該怎麼辦！」是啊！因為她的屯積物件無一不是昂貴的高檔貨，反而送都無處可送；這是很多有錢人的困擾，看到家中大量金錢換來的東西，卻已經完全不值錢，雖然知道該淘汰，又怎麼狠得下心呢！

看到同學的不知如何是好，又讓我沾沾自喜自己的睿智。

舉凡因工作而得的貴重禮物，菸酒就拿來招待客人，其他名牌於我，連眼皮子都不會挑動一下，右手點頭說謝接下後，左手立刻拜託彎腰送出，毫不眷戀，如果一一珍藏，怕也早已滿山滿谷。

因為沒有人幫我找到打八折的金條，所以我的職場生涯沒有機會麻煩到誰。在這樣過程裡，所有懷舊念舊的人以吃頓飯來傳遞他們的謝忱時，我總是輕鬆接受；尤其在退休後的十一年，飯局居然更多，我很少拒絕，真的不是源於我貪吃，對我而言，我願意做客人，是為了表達——我知道你對我的好。

我很早就沒有瞎買的癮頭了，聽說這是初老與早衰？但也無所謂，我愛買的東西一向不多，曾經著迷的也數得出來。

我喜歡買手錶，陸續買過不下兩百支，都是電子石英錶，便宜到不好意思報價。動秒手錶真是準確極了，我配著衣服戴佩，自己很臭美。但是有了手機後，手錶全部淘汰，唯一留在防潮箱裡保護的是姊姊送我的一支錶。

我還喜歡筆記本，真皮筆記本是很貴滴！對我而言，那是珍藏，我所有漂亮名貴的筆記本最後都成了無字天書，因為每一頁連個鉛筆印都沒有，捨不得用，實在捨不得用，最後外皮氧化了，內頁變黃了，我才陸陸續續轉變了迷戀，但只要遊走書店，筆記本還是我最愛瀏覽的區域。

我還喜歡穿長筒靴。

長筒靴是不會穿衣服的人最便捷的搭配，就好像不會化妝的人一戴上太陽眼鏡，陌生人都會多看兩眼，以為大明星來了。

腿長配上質感好的長靴，就算是個土蛋，也能多換兩眼垂青，這就是我喜歡穿長靴的理由。

我有兩座脫靴架，是朋友在香港跑馬場買來送我的，騎馬師專用的脫靴架真的很棒，冬天女朋友來家裡時，誰穿長靴誰就會羨慕這座脫靴架，腳後跟朝U字型凹槽一卡，然後一提腳，再緊綳的靴子都輕鬆拔下。我不明白，為什麼到今天，臺灣還是買不到脫靴架？

我這年齡依然喜歡靴子，但是已經很少穿了，因為人胖腿縮短，怎麼穿都不復當年辣味，大嬸穿長靴，自己感覺都變差了，原來人過了某個年紀，真是處處不是滋味啊。

現在出遠門，一口空箱出，一口空箱回。

世界已無距離，時空都在指尖中，採購這樁事，有時一個大物件可能比到樓下便利商店買冰棒更方便。

當年沒買到打八折的金條，現在換一個夢做做，如果錢能買到錢，那就買點錢吧！買人民幣、買美金、買歐元，就是錢買錢，可惜這個瞬息萬變的世代，「錢買錢」需要仰仗更多財經知識來避險。

生活簡單點，禮禮相待或理理相待，都是需要，但是不一定建築在物質上，是吧？

有些事我真不害羞

再好的朋友都會齒咬脣舌，我把七天當作一個情緒增壓的極限，
只要七天釋放一次壓力，讓彼此有個舒緩隔離，
那麼第二個七天再來時，大家也就依然可以相安無事……

對於一般人會不好意思開口堅持的事，有時我還真敢表達的毫不猶豫、毫不心虛，也毫不害羞。

單身生活的十年中，我已想著遙遙之年的孤獨，於是我和兩個小十歲的女朋友約定：「當我老了，妳們把自己的房子租出去當生活費，然後來陪我住。」

N是我看過最不怪的宅女，樂觀獨立又會查網找好康，每天笑容滿面，我

對她直言：「從批土粉刷、換燈抓漏到補牆修樹，妳樣樣精通，而且室內美學眼光獨到，如果住在一起，妳可以全權處理所有工務與總務。」

S喜歡音樂電影，是個理想的聊天搭子，而且她是我看過最愛乾淨的宅女。我也對她直言：「妳最會洗碗拖地刷馬桶，把任何家庭器具都清理的光鑑照人，如果住在一起，妳掌管家務與廚務。」

未雨綢繆選兩個宅女做未來的室友，是我片面之詞的理想，人家並沒有回答要不要和我住、陪我老，但是當我這樣計畫和想像時，我也非常坦白的告訴她們我的考量標準，沒有掩飾也沒有害羞我是個有心眼的人，好讓她們有十年或二十年的長考時間。

美國的、中國的同學或女友，回臺灣時會借住我家，我給把鑰匙也給一句話：「最多住七天，七天之後一定要離開，但三天後再回來住仍可續住七天。」

再好的朋友都會齒咬脣舌，我把七天當作一個情緒增壓的極限，只要七天釋放一次壓力，讓彼此有個舒緩隔離，那麼第二個七天再來時，大家也就依然可以相安無事。我認為「限時居住」就是保護友情。

我敢跟最好的朋友說：「只准住七天。」妳敢嗎？很多人不敢吧？所以有些好朋友住著住著住翻臉了，而我借住客甚多，卻向來沒有彼此嫌棄過，因為我們早就知道「相愛容易相處難」，友情敵不過愛情，耐力當然更是路遙知麻煩，別去考驗。

九年前，我認識先生吳定南的時候，才約會三次，我就說：「下次見面，你可以讓我看你的身分證和戶口名簿嗎？」

到了第四次相見時，他出現的第一件事就是從背包裡拿出雙證件並雙手奉上，我檢查後還給他，然後我們就開始學習與適應共同生活的可能。

對於這件事，我的親姊姊說：「妳真是做得出來，怎麼好意思開口跟人家要身分證、戶口名簿啊？」

我說：「老了，既摔不起，也受騙不起，更懶得蘑菇彼此，我相信一個誠實且誠懇的人，會跟我一樣喜歡弄清楚身家背景。」果然，定南在澳洲的姊姊與在史瓦濟蘭的妹妹，也在很短時間就跟我見面，並鄭重其事的讓我知道她們的胞兄弟有著忠厚個性。

這件事在多年後，才講個起頭，編劇朋友就說：「好浪漫喔！才見面三次就要人家拿雙證件登記結婚？」哈哈！妳想得太美了，在感情上我縱然常常不務實，但是在倫理上我很中規中舉，絕對要確認吳定南戶口裡沒有隱藏的身分，才會深入來往。

因為上無父母，下無子女，我的居家空間常成為朋友的聯誼會所。年輕以來，家裡高朋滿座，不管多少人進進出出，我都是快炒廚娘，甚至朋友半夜電話要我起來煮臘味飯，我也照樣樂於熱情以待。

隨著年齡增長，身手不再矯健，家庭聚餐開始接受一人一菜的美意。後來發現，蒸煮炒烤並不是最大的辛苦，曲終人散才面臨最慘的災難，每每清洗食具爐檯完畢，連腰都直不起來。於是自一年前，我強化家庭聚餐新規：

因為家境清寒，無人伺候服務，

來客一人一菜，而且自備碗筷，

如若喝酒喝茶，煩請雙杯同攜，

沒有室內拖鞋，各自著襪防塵。

開始，朋友爭取用免洗碗，但我認為用免洗碗喝湯太危險，端上滾燙冒煙的康寧鍋嚇他們，從此不但一個個心甘情願帶上全套餐飲具，連一人一菜也不惜搬來砂鍋、鑄鐵鍋、水果盤。

寒舍雖小人氣旺，桌椅不足席地坐，家庭聚餐動輒三、四十人，也一再叮嚀大家：配菜限量「家庭號」，最佳狀況是沒有餘菜，無需打包，避免浪費，不擺場面。

我喜歡朋友競賽，以最小的經濟成本創造最驚豔的美食搭配、以最佳的「食促」讓自己的私房菜成為盤底清空第一名。

朋友相聚，志在培養老伴情懷。食，勿挑；飲，勿醉；話題多元，言語多趣。童叟無欺，你是我的朋友，要聚餐就自備碗筷杯，你來我家如此，我去你家亦然。

可愛的女朋友之一，初次來吃飯，先攤開一張小桌巾，再擺上小碗小盤跟一組的大只水晶茶杯及小只水晶酒杯，像富家千金到貧民小屋做客，這個劇情轟動整晚，平添很大的趣味。

大家都承認自備餐飲具是好的環保觀念，但是有多少人像我這麼好意思開口要求與推動呢？

外食餐廳時，主人唯恐菜量不足失禮，我和定南總是制止：「請不要點入打包菜的份量。」

多吃滋味少，少吃滋味多。當大家還停留在沒有剩菜就是主人小氣的等號觀念時，我仍毫不害羞的「派菜」，力求一口不剩。連除夕年夜飯我也要求吃光光，姊夫昌宏說：「魚總得剩下，這樣年年有餘。」我說：「我家天天有魚，天天好口彩，別剩。」

瓊漿玉液助興難免，我最怕醉人醉己，造成敗興與負擔。「見好就收」是任何歡樂時光需要自律的節制。不管做客人還是做主人，我不隱瞞我對飲酒作樂這件事是有底限的。

我可以少說話，也可以不說話，但是我的人生行程表，真的只剩下真實，所以如果要說話，就勇敢的說清楚。我喜歡我現在的不害羞。

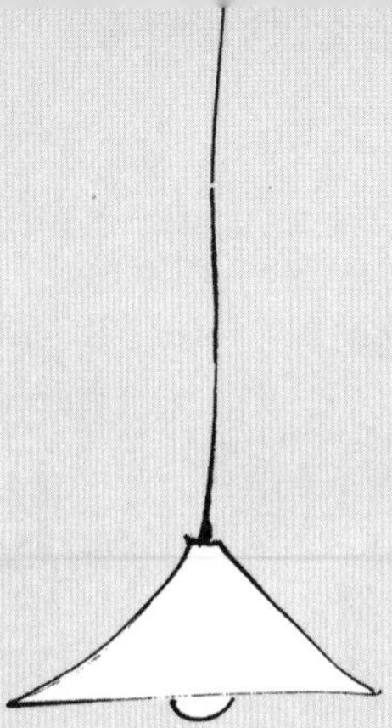

第 3 章

愛讓生命時時喜樂

白髮招運故事多

朋友陸續抓了日本的、義大利的、中國的銀髮儷影對照組來鼓舞，我這才明白自己歪打正著，無意中迎向高齡時尚風。

我是第二十屆臺北電影節最佳劇情片《誰先愛上他的》團隊成員，在頒獎典禮的轉播中幾度被掃到稍縱即逝的畫面，小學班長看到新聞後在同學會群組留言：「我發現愛倫自從不染髮後，好運接踵而來。」我敬答：「專欄的下篇文章還沒著落，就用你這句做主題吧！」

適巧多日前暇時翻書，閱得「美人自古如名將，不許人間見白頭」詩賦，當時即感慨，女人紅顏怕蒼老，男人英雄畏力衰。

我當然不是美女，但是因為在蓄白髮近兩年時，突然讀到「不許人間見白頭」七個字，倍加感受到另一種極光的燦爛，我也有感：告別黑髮之後，自己的世界突然有了新的亮度；白髮的反光強度是這麼驚人。

我髮質像媽媽，四個手足中，排行老么的我竟然少年即白，一般狀況，染一次僅能維持三個禮拜，否則從髮線暈散出來的白色很明顯，那個造型既像保育動物「白鼻心」，也像保留區印地安酋長，但看起來沒他們可愛，還顯得相當慘澹黯然。一向不講究外貌的先生，因為身形高大，特別容易居高臨下看到髮線蒼蒼，連他都會看似不經意實際在提醒的說：「要不要我幫妳染頭髮？」

看到辦公室小夥伴挑染六千元，燙髮八千元，驚死我了，哪像我這麼平民，出門染髮約一千八百元，染成黑髮就無可避免的要加彈性燙又一千八百元。我過日子很節省，後期乾脆買染髮劑讓先生幫忙染，但他每次染髮都刷得我頭皮厚重難以呼吸，經常夢到沒有頭髮後的歇斯底里。

在髮禿這個徵兆下，我一直有不再染髮的念頭，但是我得找出更大的動力來支持自己。我真的很懂得跟自己談交易，我知道如何推動自己去做該做的事。

先生曾經抽菸，遇到我後，我說：「一天一包一百元的菸癮，一年就要三萬六千五百元，你的菸量還是這樣計算的三倍，何不留下來給自己買個大禮物？」他就當即戒了菸。

比照此法，我告訴自己，一年十二個月，染燙加總少算也有十八次，就是三萬二千四百元，加上染燙的頭髮總是需要外出吹洗，一年至少四萬元。於是我打破多年的猶豫，決定不再染髮。

為了預防剪壞還有個遮掩補救，我選在冬天剪髮，我說：「剪成三分頭，只要保留髮根白色部分。」設計師充滿叮嚀意味地問：「真的要這樣嗎？」

剪後，從正面看，我成了小品種的白鸚鵡，但是尾巴卻像是黑色的鴨屁股。雖然事前徵求過先生的同意，但我還是發完簡訊才回家，提醒他做好心理準備。

先生幫我拍照寄給大姊、二姊，大姊秒回，文字裡透露極大的驚慌失色：「發生什麼事？幹麼把自己弄成這樣？太老了、太老了……」

是大姊的反應嚇到我，所以剪髮後，我大概戴了近三個月的紅色毛線帽，但最後還是得脫帽見人是吧。

白髮已成定局，我覺得很有必要在臉書上公告一下，避免朋友誤會一夕白頭是出了健康問題。

沒想到一貼白髮照，朋友陸續抓了日本的、義大利的、中國的銀髮儷影對照組來鼓舞，我這才明白自己歪打正著，無意中迎向「青春雖已渺，光華仍可好」的高齡時尚風。

《聯合報》專題報導看到臉書的熱鬧景象就聯絡我，我和早已滿頭白髮的先生快樂應邀參與「大人漾 Young」專題，並配合拍攝「優雅穿搭術」視頻上了Youtube。

我有一位同事鄰居很會攝影，知道新社區要在臉書上公開人氣獎競賽時，就趁她來家裡做客時，拉著先生讓她用手機在客廳錄影，這段影片，居然得了人氣大賽第一名，贏了五個金色鍍銅鍋子，然後在不知道有獎金的情況下，又得了攝影獎第二名，我和男主角吳定南、攝影師洪英缺一就不可能成就此事，所以三人均分獎金，天外之財，帶來皆大歡喜。

旺旺集團要拍第二屆孝親獎MV，中視導播翟倩玫臨時徵召當然會把話說得好聽：「需要一對高顏質的爺爺奶奶，才會想到你們啊！」我這一輩子沒漂亮過，聽到善意的謊言就會暈頭轉向，於是自己搭配了老情人裝就和定南一起開心出外景。

去年，製片人潘瑋翎來電話：「高姊，我們剛開會，一致通過要找妳演邱澤媽媽。」

可以演花美男的媽媽，那表示我也是個有姿色的媽媽囉！這個幼稚推論讓我根本不用腦子就答應了邀約，也不管自己到底會不會演戲。

稍後冷靜下來，我給瑋翎一封信：「請先想好後備人選，如果我上戲不靈光，不可誤事，立刻換人好嗎？」

在《誰先愛上他的》我只有四場短戲，但只要看這部戲誰都不會錯過我，因為我都落點在關鍵時刻上，但是我不是漂亮媽媽，我沒有眼線、沒有口紅、沒有漂亮衣裳，連遮掩淚溝的裝飾眼鏡框都不准戴。此外，我被重色彩妝抹黑了臉龐與手臂指甲，我只是一個用笑臉牽動別人、為母愛落淚的黝黑皮膚賣花婦人；

而這樣的不美麗讓我覺得能演出是很大的榮幸。《公視》因喜歡我一篇專欄文章的主題，力邀攝製九十分鐘電視專題，我的家人也一一入鏡。

我為什麼會提這些演出紀錄呢？因為這些事件時序都發生在我服老之後。髮白讓我難掩年紀，但白髮也讓我展現年輕之外的活力。朋友們常以他們的光亮對我潑灑金粉，數十年待人的端莊誠懇為我迎得如今種種意外的喜樂，原來老後收成的滋味可以這麼好。

白髮之後的我，逐漸形成我和生活相互禮讚的關係。生理上，我有很多必然的衰退；心理上，我卻有更多超然的壯大。不談當下，不談放下，只要能自在撿拾每天的一事無成，就能任意裝飾活好次日的情懷。

我問自己：生命的花期到底何時最繁華呢？

不許人間見白頭？我笑髮蒼天地悠！

在這小小許願，如果現在能有機會拍銀髮族養生廣告為自己健康樣貌留下一些紀錄，那該是我最期待的禮物。

心中有愛嘴會甜

當一切回歸平靜後，
他有他的本質，我有我的本性，我們簡直就是雞鴨同籠，
他完全聽不懂我的叨叨叨，我更看不懂他的悶悶悶。

如果我們相信，相隨心變，那麼我們就有理由相信，愛由言辨。

我喜歡甜言蜜語，因為爸爸對媽媽的方式就是這種好滋味，既不是肉麻當有趣，也不是油嘴滑舌，就是那種用簡單的話讓對方知道，你處處在我心上。

或許始終把爸媽的夫妻互動視為唯一的幸福標準，造成我在情感、婚姻、親密關係上的難以滿足。

我五十六歲時認識五十九歲的吳定南。

吳定南名字太尋常，所以常常被叫錯，因而將他的身高一八五鎖碼成為他的代號。

因緣際會，185幫高雄左營的同學帶一句話到臺北的健康路，起身告辭時，他問我：「我可以打電話給妳嗎？」然後我們就在Skype的通話中認識了彼此。

一通Skype往往聊個三、五小時，當然，話題我開，廢話我說，但是我很清楚很清楚感覺得到他總是期待著我，有一次我逗他：「跑哪兒去了？撥了三通都沒人接？」他說：「不可能，我在客廳看電視，每十分鐘就跑去看一次電腦。」

我有約會的晚上，一定會發簡訊：「我今天回家會晚，你早點睡。」

然後他開始勤跑臺北，選住離我家很近的商務旅館。

他生活規律的不可思議，我們見面時間固定早八到晚八，我們曾因太早無處可去，在八德路京華城統計進出人次的電子跑馬燈上以一號二號入場看《變形金剛》；我們也在紅茶店玩十點半、撿紅點，我要求他：「不要都是我說話，你也說說話呀！」他答：「兩個人在一起不一定要說話的。」

現在，我六十五歲他六十八歲，跟他過日子，很像閉關修行，只是在這長長練功歲月中，有時潛心摒息覺得清幽自在，有時翻江倒海覺得怒如巨浪。終結一句話，這個處處穩定的人常常讓我變得很不穩定。

他很誠實，早早就表明性格告訴我「兩個人在一起不一定要說話」。我自來不喜歡多話的男人，對他的回答當然不以為意，但是我完全沒有覺察他的安靜是非常態的，終於，185的沉默形成我們日後相處上的極大危機……至今依然。

我也很誠實，早早一再表明，什麼都可以不在乎，感情品質不能將就馬虎。

然而感情品質究竟如何計量呢？

左營自治新村的海軍子弟跟岡山醒村的空軍子弟，有類似的眷村背景、家庭文化，所以我們的忠孝節義價值觀是一致的，我們看世界的角度是無落差的，我們對物質的需求是同溫樸質的，但是但是但是，但是我們在伴侶生活的應對上，怎麼會像是兩個不同星球的生物？

我們接受彼此之初，他總是熱烈與熱情，當一個習慣悶不吭聲的人，一看到我就燦爛的眉開眼笑，對我而言，這就是「愛」與「情」的語言，我毫不懷疑的相信「就是他」、「這個人對了」，他的開懷是那樣的情不自禁，連帶讓我每天都有耍寶的靈感，他一笑，我就開心。

但是時間向前推進，感情向後飄散，我慢慢驚悟：難道連我們這樣六旬「老人」，也是從激情起步，跟費洛蒙做朋友？

當一切回歸平靜後，他有他的本質，我有我的本性，我們簡直就是雞鴨同籠，他完全聽不懂我的叨叨叨，我更看不懂他的悶悶悶。

笑容本來是185僅有的語言，所以當他的笑容慢慢退去之後，不說話、不答話、不對話的靜音模式，讓我無所適從。他對很多事的反應不像是有高學歷又曾從事智能職業的成年人，除了跟小孩相處顯得生動有趣，多數時候的他，有著難以理解的慣性緘默。面對如此高大溫厚的一個人，我們不僅對彼此的照顧常常失衡，甚至連兩兩對話都顯得困難艱澀。我逐日又逐年陷入一種傷心。

幾年後，我腦海突然出現一種想像，於是我從網路上翻找亞斯柏格成人量表，並就著我對他的了解，先模擬應答測驗。根據研究統計，此測驗最高得分是五十分，而亞斯個案的分數通常會大於三十二分，我的代答結果有些微超標，是三十七分，於是我要求他自己做一次測驗，並叮嚀他「要誠實，要直覺，要快速」作答，結果他做出來的量表剛好是臨界點三十二分。

我問他：「願意到醫院去鑑定一下嗎？」他同意，但是我的姊姊阻止。姊姊也是拙言之輩，不管我怎麼舉證實例，她都堅持她的觀察印象：「定南就是欠缺語言表達能力，這有什麼大不了？全天下不會說話、不愛說話的人多得是，鑑定有何意義？」我說：「如果鑑定他是亞斯柏格症，我對他的奇怪反應可能就不會這麼難以接受了。」

二十五歲，我為第一段婚姻的他，在民生社區菜市場賣花；六十五歲，我為第二段婚姻的他，在家揪團賣食點。

我真的是做什麼都樂在其中？也不盡然，我只是因為專心專情，才可以輕易看懂對方所愛，更能在不被要求的主動中，盡最大努力配合對方的需要，我從來不願意讓我愛的人失望。

然而在所有心甘情願之後，我為什麼感到疲憊不堪？我一再讀到你的心並為你按讚，但你有讀到我的嗎？

人過六十，還時時糾葛在感情感受與感覺中，有人會說神經，有人會說噁心，有人會說自尋煩惱，有人會說無聊可笑，但是仔細想想，有些人因為得到珠寶餽贈而覺得幸福，有些人因為得到配偶社會地位的光耀而快樂，那麼有些人就是對伴侶生活的噓寒問暖與娓娓耳語有格外的在意，又有什麼奇怪？又有什麼不合乎人性常情呢？

爸爸媽媽的幸福婚姻，對我們四個孩子而言，反而像是不良示範，我的哥哥對嫂嫂，我的兩個姊姊對姊夫，我對我的185，無一不是像爸媽之間的疼愛與敬愛，但是我們沒有爸爸的大器，又少了媽媽的溫婉，所有的中規中矩似乎都欠缺更成熟的和鳴空間……有時甚至導致放棄最好。

爸爸不是多話男人，但是小時候，爸爸常說成都警察局長千金跟他這個洛陽鄉下窮小子私奔的故事，爸爸嘴裡沒有一個謝字，但眉飛色舞中徜徉著我們都看得懂的滿滿愛意，爸爸說：「心中有愛嘴會甜，因為你愛一個人，你很自然就想讓她知道、感覺到。」

人不會因甜而愛，但是人會因愛而甜；沒有甜度的愛，容易走味，也很危險。

默劇人生的濃情

一個男人，六十八歲，身高一百八十五公分，
一個月說不到一百句話，所有熱情只會集中在一個餅一個粽的圓滿上，
我相信那是他至親情感的記掛……

初識的第一年，先生吳定南做了十盒翻毛月餅送我，我這才知道吳家在左營自治新村的翻毛月餅很有名，每年中秋節訂單一萬多個，爸媽、四個子女、親友，必須全家動員十幾個人才應付得來。

我接到月餅時，並不覺得家庭手工點心有什麼了不起，但還是有點炫耀之心的把棗泥、豆沙、芝麻三種口味翻毛月餅分送給朋友們，沒想到個個都很認真

地打電話來說好吃，我想這是禮貌社交語言，仍然沒放在心上，直到我吃了留給自己的最後一盒，才突然神氣的發現，原來我真的攀上了一個廚子。

185為我做的月餅算是他送我的「定情禮物」，吃過的朋友之後再也要不到翻毛月餅就奚落我：人家進了房上了床，妳怎麼就連十盒月餅都不值了？

生的黑芝麻買回來，要先洗滌清砂，接著曝晒，然後磨碎，再照比例拌獨家配方翻炒……我想，這麼費工夫幹麼，去買現成的芝麻不好嗎？

他讓我懂得，現成的芝麻多半已經壓過油，所以不香，自己炒芝麻才能保存天然油脂，才會有天然香氣，才可以烘焙出零缺點的口味口感。

在我看過炒棗泥、炒豆沙、炒芝麻流程後，我「規勸」185，不要再做這種費工夫的細緻點心，但他每年還是堅持做少量分享親友與自己留食。

豆沙也是相同的費工，我又想，這麼費工夫幹麼，去買現成的豆沙不好嗎？

城上城社區有一位開麵包坊的鄰居跟我說：「愛倫姐，因為知道你們是自己炒豆沙，才特別想吃你們的豆沙粽。」我這才明白，私廚小規模的製作物跟大規模的量產會讓食客產生不同的選擇情懷。

棗泥的炒作也是驚人的「煩」，一顆煮透的棗子去皮剔核還能剩下多少棗肉，我連剝葡萄皮都嫌麻煩，看他們製作棗泥，只能以佩服形容。

但是，慢慢的，久了，我懂了！

一顆粽子、一個翻毛月餅、一碗八寶飯，不管做什麼，185和他的大姊小妹總是親力親為每一個過程，因為這些過程有他們共同的回憶，有他們可以說說媽媽提提爸爸的情感連結，還有他們當下完全重疊的緊密關係。

不喜說話的185，說到爸媽帶他們做翻毛月餅的時候，話就很多了。

「我媽負責糖油比例的調配。」

「我們小孩一人負責一樣制式工作，壓麵糰、包餡、套模、扣出，好像生產線上的工人。」

「我爸負責烤月餅，大概太熱了，每次在烤箱前都火氣好大，我媽從不頂嘴，我很捨不得她這麼溫順。」

「媽媽走後，我們外出念書的念書、工作的工作，二十幾年的家庭手工因人手不足，就逐漸自然隱退。」

就是透過這些斷斷續續地闡述，我漸漸理解，到九十歲還看來英挺的吳爸爸在當家的年代是很威嚴的，心裡向著媽媽的185說溜過嘴一次：「我爸以為他養家最大，其實我媽比他辛苦得多。」

我明白，我的先生不是在批評他的爸爸，而是特別心疼他的媽媽。

吳家姊妹都說定南的個性像媽媽，內向安靜，跟人慢熱慢熟，在我看來，他是跟誰都不熱不熟，連對我也差不多吧！

吳媽媽生病時，定南每天定時送三餐到醫院，大姊先生生病時，他也是全程送餐，他的所有表達能力，似乎就是為他愛的人默默做頓飯。

我問他：「你去醫院有沒握著媽媽的手？」他不作聲。

我問他：「你去醫院有沒逗媽媽笑？」他還是不作聲。

我說：「萬一我生病了，你不要只是三餐準時餵我吃飯，你要握我的手，逗我笑或安慰我。」

唉！他還是不作聲。

他知道我愛吃，看到我在麵包店瀏覽蛋黃酥，就突然烤了兩盤出來，經營便利店鄰居說好吃，要義務為我們做團購，我笑答：「家庭用烤箱，一天做不了幾個。」

過年時，我們家八寶飯因為是自炒豆沙而格外好吃，我說試試有價分享，結果秒殺結單，但是因為家裡沒有適當盛具，無法加團，一些耳聞食評的鄰居就拿自家大大小小的碗來客製，我們也覺得有趣，盡量滿足團圓飯有八寶甜食可吃。

端午節，因為不懂限量，粽子一開就九團，每天工作八小時，兩個工作天只可以出一團八十個，可是他每天都顯得興致勃勃；隔一個月他又說：「我想包粽子。」

他的一個「想」字，就再度創下七百多個粽子訂單。

住到新社區，因為就近方便，年年送朋友的甜點，在口碑下突然成了可有薄利的小生意，這似乎為他沉靜的世界搭起一座有聚光燈的舞臺，從此成癮難斷。

天太熱，我制止他再做任何食點，他卻堅持要做「翻毛月餅」。

我說：「別做！我幫不上忙，你會累出問題的，歇歇吧！」

「我要做！我們家的芝麻棗泥妳知道有多好吃。」「過節送來的就是沒我媽做的好吃。」他又說：「就讓我做這一次？」聽得我好不忍心。

一個男人，六十八歲，身高一百八十五公分，一個月說不到一百句話，所有熱情只會集中在一個餅一個粽的圓滿上，我相信那是他至親情感的記掛；所以就算姊姊妹妹乃至外甥女的西式糕點是教師級的，他並沒有特別學習興致，他唯一熱中的就是媽媽教會他的手作點心。

他不擅社交，甚至難於與人對話，他的默劇人生幾乎沒有任何需要，我的存在好像也是可有可無；對他欠缺企圖心的樸實個性，我也曾有過失望，但是當他巨大手掌如此悉心專注的捏塑他的食物作品時，我看得忘情，也因著他的快樂而願意盡量試著去懂得他。

今年做翻毛月餅，兩個小時就滿單，185 提醒我留點量給社區，我懂，讓鄰居知道他會做翻毛月餅才是重點，他渴望的，無非是散步時，遇到鄰居，能聽到對他食點的讚美而已。

我為什麼一再受芝麻紅豆的挾持為 185 繼續忙累，因為我知道：「做東西給你吃」是他唯一懂得的愛之語。

關於愛情誤語

也許我的愛情物語中夾帶幼稚的愛情「誤」語，
但我還是堅持：伴侶之間應該重視與釀造心靈的甜蜜感。
甜蜜感才是幸福感的黏著劑。

自二〇〇九年九月十二日公開第一張合照相片以來，我和木頭人185先生就開始過著水火同源的日子。

在語言上，他只讓我開心過一次。那是在朋友慫恿下決定邀請三十五年以上交情且時有來往的六十個朋友，於二〇一四年九月二十九日辦一場類似喜宴的同樂會，當時外甥女瑋瑋問185：「叔叔，開不開心？」他眉開眼笑：「開心得想飛。」

像他這樣的人用到這樣五個字的形容，讓我驚奇，當然，也讓我驚喜。

除了這一句好聽話之外，九年來，我總是因為期待卻失望而常常被他的默默無語激怒，他既不幽默也不風趣，不但不會說笑話逗我樂，連我說笑話他的反應也是「沒反應」，我很氣的說過：「我和你是同營隊、同寢室的阿兵哥嗎？我們是一對沒有活力的八十五老人嗎？」

初識兩個月，他說過三句讓我安心的話；「愛就是心甘情願做所有的事」、「我一定不會讓妳難過」、「對妳沒有忍受，對妳都是接受」；這三句話像是他的承諾，看起來也似乎百分百落實，可是對我依然充滿烈火青春夢幻的心總是覺得欠缺。

初時，我曾握著他的大手誠實的直說：「你稍微窮了點，但一點關係都沒有，我知道我的追求，除了相愛與高品質感情關係，沒有任何理由可以讓我勉強自己再和另一個人一起過日子。」

我的相愛標準就是，彼此完全理解對方，而且樂於取悅對方。

我的優質標準就是，彼此不但信任倚賴，而且笑容笑聲是最引以為常的表情。瓊瑤小說讓我對愛情本相有了固定模式的想像；爸媽的美好婚姻，讓我以為所有夫妻都應該甜到出蜜。這兩個印象，讓我對情感的追求沒有讓步空隙。

185和我之間極少對話的沉悶，讓我在熱情沙漠中翻騰且受困；雖然多數時候，我會想這個人怎麼這麼好，是犯傻嗎？但也有時候，持續的緘默帶來排山倒海的孤單感，我有點招架不住自己的火氣與怨氣。

對於自己的兩極喜怒，心情放晴時，就當笑話的說出來自嘲，心情陰雨時，就隨時準備破釜沉舟。

而他，永遠永遠永遠永遠（重要的事要說三遍，說到四遍就表示抓狂了），以無辜又專注的的眼神聽我獨白幾小時也不給一句話，我總是筋疲力盡後才自動結束這場跟隱形人的對抗賽。

年復一年，到底是185耐力好，還是我本事大？雖然我五十六歲他五十九歲時相識，但他是繼我爸爸以來，這輩子和我相處時間最長最久的人，可惜我們默契差到常常可以星火燎原，加上他從不懂滅火，迫我怒到玉石俱焚也在所不惜。

但是不管風格相同的劇碼屬於巨製亦或是小品，都是我一人翻滾上臺又一人翻滾下臺，185是唯一的觀眾，不喝采也不倒采，不離席也不退票，我沒有遇過一個人能不變應萬變至這般澈底的。

近日，185終於讓我淚水打轉很久……情節是這樣的：

他每年都熱衷自己炒豆沙包粽子多次，因為搬到一個類似眷村的新社區，人口非常集中，我就問他要不要在社區群組上有價分享一下，可以趁便多認識一些鄰居，他高興的點了頭。

過去那些年，我仍在社會上奔波，每次出門回家看到他包好煮熟的粽子，都以為是簡單的事，這回初次接單，我當然毫無流程概念的門戶大開，結果本來只做五十個粽子的消遣演變到一天接單甜鹹粽七百多個。

見他每天累得換三次汗溼的衣服，我有點不忍心；但請注意，他真的忙得很快樂，至少這時不跟我說話，我也不會找碴。

這天，我起床時看他已在分豆沙（分秤五十公克一坨），我覺得這事挺簡單，就主動說：我來幫你把豆沙揉成條狀。

豆沙條滿盒後要換盛裝盒，我就很順手的挪一拿一，然後……我腦殘斷片，不知道究竟疏忽在哪裡，總之，整個豆沙盒已飛出桌面翻扣在地上……我下意識的大叫：「完蛋了。」他趕緊說：「不要動、不要動，我來……」

我看他蹲在地上，用刮刀很細心很耐心的拯救上層豆沙，然後從冰箱取出另一鍋豆沙補足重量，開始重新量秤……

說真的，如果是他打翻豆沙，我想，我會殺了他……但是，對我，他沒有一句責備，也沒有絲毫不悅，於是漸漸地、漸漸地，我開始淚水打轉……

當天中午我卯起勁兒的拍馬屁為他泡茶做飯，而且忍不住一再道歉：「真的很對不起。」他仍若無其事的說：「沒關係哪！我有多準備呀！又沒有耽誤事。」

185的木訥真的把我憋死了，我不是沒跟他說過：「我們為什麼不各自過日子？」但是對照我闖禍時他的淡定，我待他的刻薄真的讓自己淚水打轉了。

我跟武漢的朋友寫訊說這事，他可興奮能逮到機會K我，回訊如下：

「妳對朋友的寬容跟對自己伴侶的嚴格，反差太大了，這說明妳就是喜歡為難自己，妳把185當成自己人之後，就開始為難他了。早就說過，天下沒有完美的人，就算有，拉到身邊來過兩年，也有挑不完的毛病！」

我剛討罵完，湊巧又翻出一封給朋友的舊信，如下：

「多數的人，只是愛上愛情，你我就是典型實例，而且愛的越深，越不堪應付回歸生活的落差。愛情之所以美麗，是因為完全無須印證就可以滿足我們的想像，愛人卻要面對既實際又關鍵的選擇，於是前行或轉身之間，就掩藏不住心之所向的捉襟見肘；我已回頭是岸，你呢，何時醒來？」

其實我並沒有回頭是岸，因為我依然精心檢驗愛情海裡的成分。

愛情當然可以變成親情，可是愛情並不需要被親情掩蓋或殺死吧！如果要求愛情的甜度是一種非分，那跟家人朋友做室友不就夠了，何必要有愛情或愛人？也許我的愛情物語中夾帶幼稚的愛情「誤」語，但我還是堅持，伴侶之間應該重視與釀造心靈的甜蜜感。甜蜜感才是幸福感的黏著劑。

看著一百八十五公分的高大男人，我常會恍惚，如果我葛屁了，他的世界會不會更寂靜無聲？

如果少了溫柔？

面對不喜歡的事，我已經很少有強烈激烈的情緒，
我認為這是因為我領悟溫柔的價值，而不是因為我老到沒有情緒。

周圍朋友好學不倦，文青風格的，學畫習作學書法，得閒還要涉獵各類美學；團康性格的，學歌練舞學瑜珈，得空還要參加拳擊太極。

從很多參與過程中，我學會欣賞別人專注的快樂，我捨得讚美視聽與味覺帶來的歡愉，我明白人的天賦各有命定，我遇到也羨慕民間高手的文武全才。

然而最終，我對自己的結論是——勤，未必能補拙。因為我什麼都學，卻什麼都學不會。

我天生硬骨頭，席地能勉強單盤不能雙盤、背脊無法配合九十度的深鞠躬，劈腿僅有十五度寬幅、雙手背後交握差距十公分、雙臂垂直曲身最大彎度是手指離地二公尺遠……

沒錯，我是肉身機器人，每一個關節與骨骼都與我的指令格格不入，年輕時即深受其苦。在世新念書時，因為一個仰臥起坐都起不來，體育不及格，老師讓我補考，帶我到一個小山坡上贈送我三十度的坡度，我靠左右搖晃的蠻力做了兩三個，老師搖著頭讓我過關。

現在加上退化性關節炎、已踩紅線的負二．五骨質疏鬆，「硬」架式越來越倔強，提筆寫字、槽前洗碗，都覺得哎呦喂呀！痛痛痛；連側著身子插插座都嫌吃力。雖也試著努力調節自己的零件，可是效果不彰。

朋友在武漢雲夢開林場，他告訴我：「妳這個肥腰大婿來幫我拔草，保證拔一個星期腰就瘦了。」我怎能蹲在地上拔草啊！現在連照相裝小蹲在第一排，都要靠別人拉一把才站得起來咧！

我不是蓄意硬作風，實在是受制骨骼構造，連累性格也顯得毫無彈性。

如今剩下可用的，好像就只有貪吃的嘴、多聽的耳、比過去四十年來多出很多的溫柔心。

早年我跟暢銷作家曹又方在國聯飯店喝咖啡，那時的我正逢人生困頓期，每天黑著一張沒有笑容的臉，但我並沒有放棄自己，一直試圖溺中求生、逆中求順。

我問：「怎樣的女人最有魅力？」

她答：「溫柔。」

就這麼簡單嗎？

我又問：「什麼樣的男人最有吸引力？」

她又答：「溫柔。」

還是這麼簡單！

我懂得慢，也學得慢，十八年之後，才通澈明白溫柔的力量，也看到享得「溫柔」二字讚譽的家庭都維持燦笑人生，好像真的與煩惱絕緣。

我的女朋友們，多數都很溫柔，她們並不是沒有脾氣的付出寵溺，而是包含太多的欣賞、理解與放心，更可貴的是這些溫柔女子都有讓人輕鬆的幽默感。

相對於女性的溫柔，男性的表現沒那麼叫好叫座，但是人們真的在乎男性的溫柔嗎？男性的溫柔似乎在大銀幕小螢幕的戲劇情裡才會彰顯，但是評價並不會像女性那麼博得喝采，有時還會造成一種誤解，認為男人的溫柔，是源自沒有個性或欠缺男子氣概。其實溫柔並不是和軟不啦嘰的黏膩畫等號。

溫柔不同於好脾氣。

好脾氣是一種沒有主張的順從，就是隨便你怎樣，他也不會怎樣，很隨和，但並不易入心。

溫柔是一種有見地的體貼，就是知道你要怎樣，他都願意由著你怎樣，用溫暖占據你的心。

好脾氣表現的是個性，溫柔表現的是氣質。

可能是因為我身體線條的僵直，造成我所有行為模式都欠缺柔軟，我知道有人會笑我亂找藉口，但請相信，這之間確實是有連帶關係的，就好像我得了重度乾眼症以後，因為完全沒有淚水，久而久之，這樣無淚的經驗就會侵蝕覆蓋我的感動力，讓我在影音著作的感動中越來越不容易流淚。

經驗值很容易左右我們感官的接納度，像夏天，看到冰品冰塊就直覺涼快；冬天，看到冒煙紅豆湯八寶粥就直覺暖意。這樣的經驗感受也可以造成情感直覺，所以看到某些人，未語就心花怒放。

很慶幸這幾年我總算逐漸累積了一點「溫柔」的經驗值。

因為溫柔，擺下強勢之尊。

因為擺下強勢，不在乎遭受拒絕。

因為不在乎受拒，得到全然的自由。

因為全然自由，無所謂你贏我輸。

因為無所謂你贏我輸，毫無爭鬥好勝野心。

因為沒有爭鬥好勝野心，懶得高調出頭。

因為不戀高調出頭，人我之間少有分別心。

因為……

因為是從簡單的溫柔做出發，一切順勢成就了溫柔的結果。

我離溫柔還有很遙遠的距離，但是我真喜歡看到溫柔的容顏、個性、語調與應對，更嚮往成為那樣的人。

溫柔的人一定好脾氣，我個性急，而且怕囉嗦。在通往溫柔之路前，必須訓練自己心靜勿躁。

這些年，我學著重新認識生活，重新學習朋友相處。我結識新的領域，用傾聽方式吸收我陌生或不足的事物；我不預設立場看待不理解的思維邏輯；最重要的是遇到違逆，我仍能夠心平氣和。

我心裡追隨的是溫柔兩個字，不管做到多少，我努力著，而可喜可賀是這二字的追隨，的確讓我笑口常開，不僅慢慢冰融剛硬，也慢慢摘掉雜念。

面對不喜歡的事，我已經很少有強烈激烈的情緒，我認為這是因為我領悟溫柔的價值，而不是因為我老到沒有情緒。

愛情上，溫柔是最大的魅力；友情上，溫柔是最大的吸引力。

少了溫柔，任何一種善意都不美了。

六十五歲的獨立宣言

我用舊的綠樹景窗換了新的綠樹景窗，
感覺上，好像是臨老給自己一個福利，
但又好像是宣告自己真的有了獨立主張。

我的舊屋，我該怎麼形容她？她是我的房子、她是我的家、她是我生命最燦爛歲月的全部記憶？

去年，當我六十四歲時，我真的很想很想再住一次新房子。

就因為我三十年沒住過新房子了，我竟然要離開跟我生命緊緊相扣的老房子？這樣貪新的心態，會不會也是一種狠心？

我的她，是一戶三面環窗的雙拼華廈，沒有公共設施，又有合法的陽臺外推，所以四十多坪的實坪看起來活脫像六十多坪，人氣很旺，地氣很淨，氣場很強，朋友都喜歡來這談心聯誼。

三十二到四十二歲時，這裡像日不落國，任何時段都有朋友來電話點宵夜，而且來了就不走。

偶有喧譁會招惹分局警員來關切，但是警員總會在微笑攻勢下配合演出警民一家橋段，先在桌前坐一會兒，然後叮嚀聲音小一點就笑咪咪離去。

那時沒有主客之分，我想睡就去睡，沒有誰在意我的不理會；第二天起來，也會發現場塌米上還熟睡著的朋友。

五十六到六十三歲時，家庭趴更澎拜。

但是已經不做宵夜場，只做假日下午場與限時晚場；現場供應並從全場茶湯菜酒招待進入一人一菜階段，最後乾脆所有來賓自備碗筷杯，備菜者甚至獅子頭魚頭都得自攜砂鍋負責回熱。

原以為這樣沒人性的待客之道會讓大家熱情退燒，沒想到，這個模式帶來學生時代的溫馨回憶，參與者都覺得好玩，趁機挽袖展廚藝的更是大有人在。

在這兩大段常常團聚的快樂時光接軌前，健康路小客廳，也曾上演寂寞風格的孤獨默劇，有時寂寥清幽，有時空白閉鎖，影像、事件、思路的穿梭，編織一齣又一齣劇碼，像是每個生命都會遭遇到的墊檔爛戲，又像是我生命裡的荒謬實驗劇。

因為邏輯的顛覆混亂，我總是深陷心煩意躁，幻象幻影幻聽俱足，竟讓我六年來看了五十四次門診。

演藝界朋友不由我考慮，帶了名師來家裡觀看風水。

老師瀏覽全屋，問我：「這房子，當初找人看過嗎？」

我聽得一驚，莫非房子不對？

「沒有不對，是太對了！這房子的地氣是少見的乾淨。所以妳的健康不可能有問題。不過臥房裡不要放那麼多瓶瓶罐罐，會攪亂磁場。」

臥房的瓶瓶罐罐，不是藥罐子，是我在各地買的觀賞用窯罐、瓷罐、陶罐。

我從善如流，當著老師的面，把臥房裡的罐子抱到客廳，他說：「繼續擺設在客廳沒問題，就只是不適合放臥房。」

我臥房景窗前的綠樹成蔭，一直是我早上一睜開眼睛即心情大好的主因，可是老師在景窗前面自言自語：「綠樹高過窗，男人不進房。」

我們互看一眼，笑笑，這十個字實在很順口溜，加上這個語意很符合我當時的境況，我的印象當然歷久不衰，但是有印象卻沒感覺。總之，我沒追問他的意思，他也沒有刻意要讓我明白什麼的意圖。

之後，我的焦慮慢慢轉好。

之後，窗外的樹長得更好，一年高過一年，現在幾乎要攀高到六樓了。

之後，我遇到一個像樹一樣的男人，高大、安靜，很有自己的姿態，又很禁得住我這風雨個性的放肆。

在三十歲出頭的時候，爸爸為我買了這戶房子。

那時，初冬，此刻一想，畫面就活潑跳躍，鮮明依舊。

我記得「那段歷史中的我們」，雙雙捲曲在沙發上，從客廳的位置看向餐廳的位置，正是這個空間的最大廣角，我們倆都帶著不可置信的笑容說：「我們怎麼會有這麼大的房子？」說罷，又哈哈大笑起來。

那樣的表情，那樣的聲音，那樣剛有房子的狂喜，完全就是超越幸福感的分享。

在二十年滄桑之後，輕輕碰觸記憶，就可翻出往事中的美好部分，那該是感情中最善良的一種本質本心吧！

有一個短時間，爸爸來家裡住。

我是四個孩子中最受爸爸疼愛的，哥哥姊姊不會反對這個說法，因為他們也疼愛我。

爸爸跟我住的時候，剛巧是我這一生最不快樂的時候。他從來不問我什麼，但他終究忍不住不捨與不忍地說：「我好久沒有看到妳笑了。」

那天，我躲著哭得很厲害，因為我覺得最大的悲慘，是我讓最疼愛我的爸爸如此揪心。

姊姊後來說：「爸爸最不放心的就是妳。」

我個性剛烈、莽撞，媽媽就因此從不坐我開的車。

但爸爸不放心我的不是我的剛烈、莽撞，他擔心的是我的透明、是我沒有受苦的成長、是我對人充滿沒有危機意識的信賴……這些擔心，一一成為不幸的事實，但是也一一翻轉為另一個容顏的我，幸福與不幸福期間三十年，每一個重大階段都發生在這個爸爸為我買的房子裡。

我的搬家，像是一種背叛行為。

當大姊知道我決定搬家時，寫了一封長長的簡訊，重點像是她的內疚告白：「我們天天忙著兒孫輩的事，可能忽略了妳的感受，造成妳要搬家……」

我告訴家人，一切都很單純，因為我覺得我真的辛苦很久，我想再住一次新房子，我想再去體驗一次當年爸爸給我的幸福感。

我說明了，我解釋了，哥哥姊姊立刻認同我的安排，開始幫我準備遷屋必會用到的新禮物。

我的朋友們，對我的搬家念頭，投了百分百的反對票。我想，這是因為健康路也充滿屬於他們的回憶，當然還有一個較大的關鍵，幾乎沒有朋友相信我能離開都市生活。

她們陸續說：「從妳說要搬離市區開始，我幾個晚上都睡不好，妳太愛朋友、太愛熱鬧，時間長一點，妳自己會受不了……」「妳離開健康路，並不只是搬一個家那麼簡單，而是意味妳脫離自己最熟悉的生活。」「萬一後悔，再也買不回像健康路這樣的房子了。」

我的有錢朋友，二十年前賣掉臺北第一次叫價三千萬的豪宅，五年之後，她又加價向原買家買回自己的舊宅，連當初的室內電話號碼都一併買回，她跟我說：「我們那個時候多快樂，我要把房子買回來，再過從前的日子，我想念那樣的快樂，我也要把老朋友都找回來。」

結果，她買得其時，房價繼續上漲，但是漲價的房子並沒有帶給她更多的快樂，因為快樂不是來自那麼單一的條件。

一個房子、一個家、一個老宅、一個生活圈，帶給我一群密不可分的朋友，我的最好與最不好，現在看來都是生命裡重要的禮物，當我懂得運用怎樣的能力過怎樣的生活時，離開舊宅就好像精神上脫離了爸爸的保護傘。

我用舊的綠樹景窗換了新的綠樹景窗，感覺上，好像是臨老給自己一個紅利，但又好像是宣告自己真的有了獨立主張。

當快樂可以自產時，一個朋友的拜訪、一群朋友的歡樂、獨自無聲的安於寧靜，都可以是幸福的。

六十五歲，我是個完全而完整的大人了！爸爸給我的愛，終於支撐我走到心靈上的無障礙空間。

相思至極，不敢輕提

我這個老么在家裡得到最多的愛，
可是除了夢囈個性淋漓盡致，很多生活上的能力卻是相對的差勁，
我的幸運，是拜哥哥姊姊全力孝順爸媽所賜。

爸爸多口袋的橘紅色飛行衣是我這一生最著迷的一款連身裝，每一個口袋都有一條拉鍊，直的橫的斜線的，比現在任何時髦衣款都要時尚。

爸爸記得口袋裡有三毛錢，可是怎麼摸也摸不到。他問我們：「誰拿了？」我們都說沒有，他就令在家的我和哥哥大姊跪著仔細想要不要自首，這時從外面回來不知狀況的二姊，也不知因為所以就立刻被罰著跟我們一字排開的跪下。

跪了幾小時之後，爸爸突然起身把飛行衣每一道拉鍊都拉開，再扯著褲腳倒吊飛行衣，很神奇，三毛錢滾落出來了……爸爸在高興之中不忘跟我們道歉。

爸爸讓我懂得——大人錯了，也要說對不起。

小學考卷要家長簽名，很多同學會把分數好的有家長簽名的考卷貼在玻璃窗上，再把分數低的考卷重疊在上面描繪模擬家長簽名，我膽子很小，雖想學著這麼做，卻不敢。

晚上爸爸簽名完考卷，問我：「常識呢？」我說：「老師還沒有發。」爸爸洗完澡出來看我在床上哭，問我：「怎麼了？」我哭著說：「我常識六十分，不敢給你看。」爸爸為了我之前說未發考卷的謊話，把我打了一頓，那晚我哭著讓爸爸抱著我睡覺。

第二天一早起來，我說：「把拔，你昨天不應該打我。因為不是你發現我說謊，是我自己主動認錯。」我舉例林肯砍櫻桃樹的故事（這是教科書上關於林肯的爸爸鼓勵他誠實的故事），爸爸稍微思索一下，很認真地跟我道了歉。

爸爸讓我懂得——不要做一個會說謊的人，但也要原諒願意承認說謊的人。

還是小孩的時候，每個除夕，吃完年夜飯，我就抱著小小存錢筒到鄰居家玩撲克牌「三公」、「十點半」賭錢。

爸爸說：「妳這孩子這麼好賭，將來非要傾家蕩產不可。」

長大了，爸爸的憂心有一半成真。

朋友先生喜歡牌九，他倒不是以賭為樂，而是視牌九的配牌為極大的智慧挑戰；我年年春節前去「陪玩」，即使到今天也不知牌九如何配牌、如何攻守，但那些年，我始終能不打哈欠的坐賭到天亮，再仁至義盡的輸光回家。

春節在報界老長官家遇到小燕姐，小燕姐笑說：「怎麼有賭錢的地方就有妳？」

我說再賭就剁手指，她笑得更樂了：「剁剁剁，剁完還可以站在一旁插花。」

有一年社慶，我跟攝影同事同時領到模範記者獎金，大家起哄到社長家去玩「推筒子螞蚱」，我倆仗著獎金氣勢，合作莊家，結果我還沒弄懂怎麼回事，已經輸光光。

又有一年同事來我家春賭，輸急的同事開始押籌碼、押名片，我看得又緊張又難過。自那之後，我再也不想玩跟賭有關的遊戲了。

因為爸爸預測我會因賭傾家蕩產，這四個字在我內心的威力與威脅，形成極大的制約力量。我願賭服輸，雖然一再輸光身上所有的現金，但是「絕不翻本」、「絕不透支」、「絕不戀戰」、「絕不嚥不下這口氣」，終究能讓我在年少的衝動中保住小命，未釀災害。

爸爸讓我懂得——自律是多麼的重要，甚至服輸也是一種好德行。

我拿到汽車駕照時，第一次開車上路是送爸爸到機場；爸爸出飛行任務向來有公司車子接送，那天他蓄意不要車子來接，要我送他，我嚇死了；「不要啦！我不敢。」

他理也沒理我，提著飛行箱，穿了鞋就走，我只好跟著去冒險。

從民生社區到松山機場不遠，但是對新手上路的我而言，可真是一場長途跋涉的「思愁之路」，過程中不管出現多少次差一點就怎樣的危險，右座的爸爸也完全不動聲色，更沒有透出任何緊張，當天馬路正在鋪柏油，車輪滾動時夾雜著砂石的吱喳聲，把我驚到握著方向盤的十根手指撥都撥不開。

爸爸讓我懂得──不要擔心自己不行，只要肯試，就會成功。

年度報稅時，爸爸要補稅。他給我看補稅的數字說：「嗯！妳將來年收入能達到這個數字就很好了。」不過他又說：「妳不需要做一個會賺錢的孩子，但千萬不要讓物質欲望超過能力範圍。」

爸爸讓我懂得──所有嚮往的生活都該靠自己的努力得到。

爸爸跟媽媽感情很好很好很好。媽媽生病的一年當中，爸爸每天早上到醫院接班，在醫院過夜看護媽媽的哥哥這時才直接去上班；媽媽最後的歲月，是由她最愛也最愛她的兩個男人，一天雙班制貼身共度，我們三個女兒雖然隨時都在，但只能把焦點關注在照顧爸爸跟哥哥的健康上。

哥哥四十多歲，從不曾在爸爸面前抽菸，有一天他剛點上一根菸，爸爸正巧進了病房，哥哥一口菸包在嘴裡不敢吐出來，甚至連呼吸都不敢，深怕菸從鼻孔裡冒出，整根菸也凹在手掌裡，我們都好怕哥哥燙到手，爸爸輕描淡寫地說：「你太累了，抽根菸舒服點。」

這一個解禁，讓我覺得我的肺都快炸開來了，那實在是太強大的感動，不管爸爸多愛哥哥，但對哥哥，我們總覺得太嚴厲了些，就算在保守年代，我所認識的人當中，哪有四十多歲的人還不敢在父母面前抽菸的？

爸爸讓我懂得——嚴厲面孔覆蓋的很可能是很濃的愛。

爸爸的孝順與對太太好是眷村裡的典範，媽媽過世後多年，很多長輩來說媒，我們也很鼓勵爸爸要有新的生活。有一次爸爸說：「你們明天到福華飯店喝咖啡，坐在隔壁桌看看她。」我們一看到這位從護理工作退休的小姐，就懂了，她的個頭、髮型、容貌跟我們的媽媽很像，但是很可惜，爸爸的視覺雖心動，相處上卻仍有困難，最後不了了之。

爸爸對我說過一回：「寂寞真的會讓人想死……」他常常悶不吭聲開車到三峽天主教公墓去看媽媽，當我們發現之後，有很長一段時間，爸爸到哪兒，二姊都亦步亦隨。

爸爸讓我懂得——男人的感情有寂寞的成分。

我這個老么在家裡得到最多的愛，可是除了夢囈個性淋漓盡致，很多生活上的能力卻是對地差勁，我的幸運，是拜哥哥姊姊全力孝順爸媽所賜。

爸爸是飛行員，四個孩子中唯一不畏飛航的只有大姊一個，所以都是大姊飛來飛去探望我們。這種耗精神、耗體力、耗金錢的家庭任務，就是大姊追思爸媽的孝心。

我出生在這樣樸質的家庭，歷經二十、三十、四十的養成教育後，才有現在的五十、六十定性。如果人生的挫折可以反敗為勝，對於友情愛情婚姻，我絲毫不想重來一回，但是做為爸媽的女兒，我多次問過自己：如果他們健在，我會是個讓人擔心的孩子嗎？我會是個讓父母感到榮耀的孩子嗎？

看到哥哥姊姊子孫滿堂的快樂，我格外想念爸媽，多希望爸媽的人生可以經歷四代同堂的喜樂。

對爸爸，我總是極度相思……那種愛，深刻到我從不敢輕易提到他……

妳是標本情人？

愛情與婚姻，誰不是看準了、也打算走一輩子了，
才會投身其中；但是心性如水流，賀爾蒙會掀動潮起潮落，
價值觀會紛擾同行步伐。

親愛的，妳最近過得很混亂？
我喝著溫情咖啡對妳安慰，我也抹去笑容對妳責備。
有些壞蛋必須從生命列車中挑出來棄置或掩埋，免得整個車廂都熏腥了，
導致沿路再好的風景人物妳都不再入心。
小時候，我們矇著眼睛玩捉迷藏，不小心被絆倒摔跤，膝蓋破了、手肘破

了，不但不哭，還哈哈大笑，貼著紗布又能繼續抓鬼。

扮瞎，真是好玩。

可是在真實人生中，妳怎麼也矇著眼睛過日子？

如果我沒痛過，我對妳逆勢操作般的激將語法將顯得太過粗暴。可是因為我痛得厲害，也真的死去又活過來，才會確定只有自己肯醒過來並踏出去，生命才能展開下一章。

然而我不停地搖晃妳，其實是沒有用的，對吧？

愛情的確是很能增添生活滋味的情趣用品。妳在美好的當下，無須上妝就能容光煥發。

愛情也是折舊率非常高的奢侈品，稍一不留神，相互之間就起了藏不住的膩味兒，易主易物毫不牽掛。妳在櫥櫃裡得到的光亮，只不過是他夜裡失眠敲開門隙的尋歡插曲。

但愛情最可怕的底細，是絕不標示保存期限卻又敢無印上架的消耗品，一旦帶來任何後遺症都求告無門。妳不能守著一罈發餿起泡沫的酒釀硬凹這是沒有問題的酵素。

看看紅塵之中的因緣起浮就明白，從鍥而不捨到棄無不捨，往往在一夜之間的瞬間，就變了格局，換了門窗，成了陌路，滅了關係。

每一段愛情，都是一次好時光的冒險，哭笑之餘，享受、挫敗與學習、振作，總是並存。

歲月會淬鍊一條靠近天長地久的路徑，但往往發生在青春化成霜髮的時候，才開始清楚明白，喔！不該痴心、不該苦情，如果不是「相愛」、「相悅」，何必同行？如果終將要復原，那就不要為難自己走這麼長的黑路吧！

花太多時間憑弔數念過去，是失婚失戀者真正錯誤的開始，這種自戕式的陰暗能量如同無解的魔咒，日復一日詛咒自己。

如果有人，對妳殘忍、對妳傷害，那麼無論是被遺棄還是奔逃，都是脫離魔鬼島的慶祝日，此後，每一口新鮮空氣都值得自己好好活著。

千萬不要讓創傷症候群綑綁靈魂的記憶。

人，不會被愛情打敗。

人，也不會被遺棄斃命。

人，只會被自己沉溺的情緒格殺。

我跟妳說一個年輕女孩的真實故事。

那年漂亮的她在念研究所，追求她的男孩長了一張俊秀卻煞白的臉，正是年輕女孩容易著迷的酷樣。

每個假日、每個年輕情人間看重的節慶日，她都在家守著電話等著遲來的約會，男孩總有不像理由的理由解釋他的遲遲出現，她從不懷疑，但家人卻從不相信男孩在善待自家女兒，最後媽媽得到鄰居媽媽間的告誡，說男孩總是同時交幾個女朋友，女孩聽到媽媽的轉述，只對媽媽輕輕一語：「那妳給我證據。」

此後，母女關係冷凝。

有一天，男孩編謊，假日留營，下週再見，結果，當日下午，女孩的弟弟在東區看到男孩牽著另外的女孩逛街，而且與他四目相對又無語擦身而過，弟弟回家問媽媽怎麼辦？媽媽說：「你自己跟姊姊說吧。我沒法提供證據。」

男孩電話女孩，若無其事地試探，發現完全沒事，但女孩的信任態度，可把弟弟的情緒燃燒起來了。

弟弟想了想，晚上告訴姊姊他白日撞破的謊言，還是大學生的他也已經懂得追女朋友，他對姊姊說：「我們男生喜歡女孩的時候，任何時間都以對方為第一約會，怎麼可能讓她像妳這樣永遠在等電話？這根本是個說不通的屁事。」

第二天，女孩眼睛紅腫，先跟媽媽道歉：「我不該跟妳要證據傷了妳的心。」

然後她接了男孩的電話：「我選擇信任你，竟然跟我媽媽好幾個月不說話，你不要再打電話來了。」

她掛了電話，從此不再接男孩電話，男孩的同學求情說：「他一直在哭，妳接電話給他一個解釋的機會。」

雖然她自己繼續哭了一個星期，但是她一刀兩斷的堅定，卻無人能動搖。

這個女孩現在是兩個兒子的媽媽，依然漂亮溫柔，全然幸福快樂，她樂於付出也勇於收回的個性，真的讓我大開眼界，在感情世界裡，實在很難看到不為歹戲拖棚的人。

泥沼裡的委曲求全，紛爭裡的不捨糾纏，都是因為重感情嗎？是有可能，但是困境重生的人都知道，磨損到最後的感情卻不甘放手，已經很少是因為愛，而是嚥不下一口窩囊氣，結果是讓自己越來越窩囊。

不管傷有多重，妳都要懂得重新看待自己。我可能犯錯，我可能有瑕疵，我可能需要修正自己，但是我失戀，不完全是因為我一無可取，是因為我沒有碰到對的人；我失婚，不完全是因為我咎由自取，是我的運氣實在差了點。

看仔細了，自責自嘲或自怨自哀中，所謂「不完全」一無可取或「不完全」咎由自取，意味著多多少少有著可自省的空間，而重新認識自己是什麼等級的感情選手並無壞處。

認輸退場，有時可解讀為有勇氣、有智慧。

愛情與婚姻，誰不是看準了，也打算走一輩子了，才會投身其中。但是心性如水流，賀爾蒙會掀動潮起潮落，價值觀會紛擾同行步伐。

別人變了，妳心碎，別人不變，妳也可能不耐，於是誰先轉身而去真的不重要。總之，妳不要愣在案發現場一再檢視自己的傷口，這樣才能為自己留點逆轉人生的自信價值。

別讓一個腐壞的愛情或愛人，推翻妳一直在為自己人生負責的努力。走在年少還是即將臨老，我們要怕的不是不被人愛了，我們要怕的是自己不再愛人了。

愛情也許不是什麼人生大事，但是誰能不承認，愛情的確左右了很多人的選擇，很多人也在選擇時拿愛情做了祭品。

妳永遠要記住，肯犧牲妳的人，那怕抱著妳哭訴他的不得已，妳也不要跟他談情說愛。

愛情不是因了解而發生的，愛情是靠彼此傳遞或接收的重複印象產生確認感而存在的。當然，多數人也因而結論——我愛他，因為他了解我。

一如妳也曾當真自信地說：「他愛我，因為他知道只有我了解他。」「了解」是「自己覺得被了解」，或「自己以為了解別人」的感受，如果深刻了解才是彼此接納的前提，那分合之間，「了解」所占的位置既有價值又沒有價值，因為「了解」並沒有成為解決問題的錦囊。

蝴蝶之美不在雙舞，妳已是稀有品種，隻身飛舞就能顯出足夠的美麗。但是如果妳仍渴望雙舞，妳也堅持蝴蝶必因雙飛而美，妳就必須先飛出把妳裝訂成標本的蒐藏箱。

傷妳的人欠妳一個道歉？不！我不這樣認為，我覺得是妳欠自己一個道歉！因為他是透過妳的默許才能傷害妳。妳是受害者，妳也是加害者。

妳要繼續如此嗎？妳還要繼續主演標本情人嗎？

玩笑不可有絲毫惡意

玩笑，因為時、空、人的錯置，有可能變成不好笑的冷笑話，沒有惡意，卻會大意，如果不是在玩笑對象可接受的範圍內，就是一種失禮。

可能是受朱自清〈背影〉一文影響，從著迷攝影以來，我一直特別喜歡捕捉背影。自幼讀文烙印至今，對背影的文字圖像總是充滿聯想，覺得「抓住不知情的真實，最能發掘感動的泉源」。

有一次到花東同學會旅遊，在石梯坪觀石觀海時，八十人的隊伍邊走邊聊，我這無聊分子腳程較慢，最適合跟在尾巴上拍不同組合的背影，邊拍邊樂，心裡還想著要把這些相片傳到一百二十二人的同學會群組中，讓各位本尊猜猜誰是誰。

夜裡，我上傳相片到同學會群組，其中一張儷影成雙又讓我覺得極有趣的背影，是小學班長女同學和我的眷屬吳定南，看得出來，他們當時正都微側臉頰十五度在交談。

次日一早七點，我在福容飯店自助早餐時，女同學端著餐盤跑來跟我說：「我一看到那張相片嚇死了，怎麼會是我和 185 手牽手呢？但再看是妳傳的相片我就放心了，如果換成別人拍到，這張相片大概就會造成解釋不清楚的誤會。」

我們上遊覽車出發的時候，女同學在車上又哈哈大笑解釋：「我和 185 手牽手相片是錯位的錯覺。我們沒有牽手喔！」

這位小學時代的班長模範生，功課好就難免一本正經，長大了，任教職，更是一絲不苟。但這樣一個嚴謹的人，在家庭關係、教學關係、同學關係中，無一不是讚譽連連。

這個玩笑讓大家樂而無邪，覺得這瞬間抓得確實好，我笑得最凶，還得意的機會教育同學們：「這是個好教材，讓大家明白，你親眼看到的，未必就是真的。」

玩笑，因為時、空、人的錯置，有可能演變成不好笑的冷笑話，沒有惡意，卻會大意，如果不是在玩笑對象可接受的範圍內，就是一種失禮。

這個模範生背影的玩笑，其實和很多其他故事一樣，確實不斷帶給我啟示。「親耳聽到的、親眼看到的，未必就是事實。」我有過很多這樣的經驗，其中包括曾經遭遇過的委屈與壓迫，在那樣的痛之後，我聆聽任何事情時，都不輕易對人對事發表定論、評論或議論、結論；但是偶爾我還是會根據經驗法則或認人深淺做一些簡短的推論。

我第一次運用「你親耳聽到的，未必就是事實」論點，是在旅行途中聽到的笑話。

旅行的夜晚，有女生房裡傳來諸多非常態聲音，側耳的人就把這隔牆音響渲染傳述的繪聲繪影，猜測是女生引郎入室後的誇張歡愉，後來弄清楚只不過是腳底按摩的正常反應與反射呼救。

公車巴士以往只呼籲讓座給老弱婦孺、孕婦身障，現在出現一些溫婉的小啟，諸如：「把座位讓給需要的人」，或「他沒讓座，可能有他的理由」，這是一種體貼的同理心，因為「再大的善良也不必強制推動」，因為「眼睛看到的行為，並不足以表達當事人的需要」，這些新觀念，是開啟與開放對人性投信任票的寬待，也呼應「你親眼看到的，未必就是事實」的概念。

看到了、聽到了、轉述了、傳播了，有時也會荒腔走板演化成一種謠言。謠言有三種。

第一種是無中生有，邪惡的純度很高。

第二種是將語言或文字、圖像，做無限延伸與放大，效果就像一隻綿羊多添幾筆也可以畫成獅子。

第三種是根據部分現象分析出想當然耳的全面斷定，等同用理智包裝情緒產物，可以輕易形成話波漣漪與風暴。

一個人造假說謊所造就的謠言，相對會為自己帶來負面的註冊商標或江湖名號，沒有一個謊言家不羞於承認自己愛說謊，所以這種行為總是潛藏進行、技術鋪陳。「聽說」、「有人說」、「我不能透露是誰說的」，這三個來源說，雖是謠言製造者的防彈迷彩裝，但是如果不好的事件轉述都該由隱形人承擔，慣性傳播者的名聲為什麼也會漸漸形成印象標籤？用白話文說，即越愛說他人是非的人，自己名聲會相對地越壞。

我的朋友圈裡沒有邪惡，也就沒有謊言謠言，這樣的言行品質隨著年華老去顯得更風華絕代。

然而或多或少，我們也曾留下無心之過，第二種的「繪羊如獅」與第三種的「錯譯真相」都是犯了「自以為是」的毛病，一旦願意警醒與學習，就能夠踏上滌心修心之路。

雲淡風輕不是老人專利的境界，體會與否跟年齡無關，只能說早來早好。人我關係的演變，往往不是因為事實與事件，反而是「感覺」在左右彼此的走近走遠。

「保養」感覺的方法要以簡單取勝，也就是說話簡單，聽話簡單，不猜想，不聯想，不要有太多的提問與追問，不要總是聚焦在自己身上。

我不是絕對安靜或沉默的人，我喜歡群聚的熱鬧，我喜歡玩笑的嬉鬧，但是我謹守自己設定的原則，除非我在傳揚朋友的美事，否則在任何話局裡，要盡可能避免提到不在現場人的名字。

四年級生應該沒有人不知道生生白皮鞋這個品牌，他們的主力產品是白色學生鞋。當年全面占領學生鞋市場，天天持續在電臺播放廣告：「生生白皮鞋來嘍！請把缺點告訴我們，請把優點告訴別人。」

如果我說我把朋友都當生生白皮鞋，你們，會懂我的意思嗎？

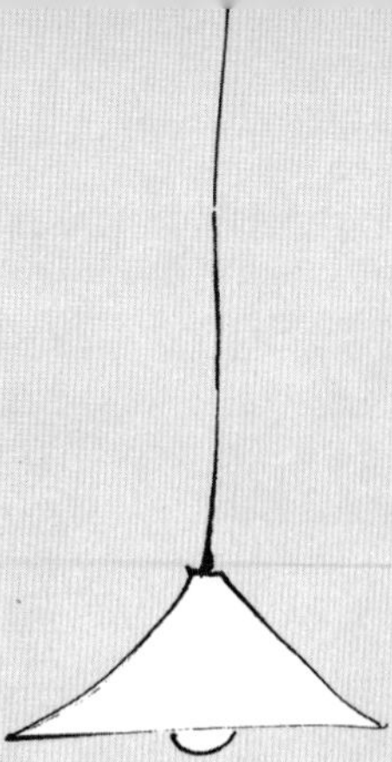

第 4 章

朗讀日子，點滴是滋味

憂鬱是可以被點亮的黑暗

在我痊癒之前，我並不知道我是憂鬱症患者，
我甚至也不知道醫生給我吃的是抗憂鬱藥。

我得過憂鬱症，所以我可以跟你談憂鬱症，也可以斷言，我會痊癒，你也可以痊癒。

二十年前醫學界就預言：憂鬱症會是二十世紀最大的健康殺手。不幸，醫學預測成真，而且趨勢日益嚴重。

從早期人們不解的焦躁焦慮情緒醞釀到失落空茫的低潮，再輾轉出現強迫症行為、封閉式自我孤立、暴怒失控的攻擊、厭世輕生的偏激……如今憂鬱症病

患的普及化，已實實在在造成很多家庭與職場的悲劇。

身為一個短期服藥的憂鬱症患者，我想分享自己「點亮黑暗」與「掩埋黑洞」的經驗，這些經驗並不是醫療知識，而是我個人的深切體會，我相信，意志力與毅力在我身上產生極大的翻轉能量。

事實上，在我痊癒之前，我並不知道我是憂鬱症患者，我甚至也不知道醫生給我吃的是抗憂鬱藥。

那年，我四十三歲，什麼不好的事情都發生了、累積了、崩塌了。

最親愛的爸爸病了，在醫院躺了九年沒有醒過來，雖然二姊每日必到石牌榮總探望照顧，我們還是聘僱二十四小時看護以求周全，前後花了五百八十萬看護費與榮民可免的三十幾萬醫療費。

我對我的工作已感到索然無味，可是我仍會自我強迫做一個全勤的模範員工，希望自己——對得起薪水、對得起專業、對得起理想、對得起職業上的殊榮……這些人生責任突然讓我覺得好沉重，也好厭惡。

然後，十七年的婚姻浮現很多我看不懂的異相，等恍然大悟「悔教夫婿覓封侯」這七個字是多麼寫實的世間警語時，我才明白，以退為進是很多女人會犯的錯，淨身而出更是蠢不可及。

我的幸福人生，萬箭穿心。

我開始陸續出現的症狀：

每天出門上班，都會一下樓就再上樓多次，檢查瓦斯爐是不是確實熄火。每天晚上回家，先拉起屋子裡的所有窗簾，覺得只有這樣，才能迴避所有偷窺的眼睛。

開燈睡覺長達十年，不但淺眠，而且入眠狀態很少維持在三十分鐘以上，總是從心悸中驚醒。

那時，健保卡還是紙卡，每張六格，每次門診蓋印一格，一年下來，精神官能症的疑神疑鬼，讓我看了九張卡五十四次門診，而且檢查內容都非問診拿藥的輕易簡單，不是塞鼻管，就是塞胃管。歷經這樣的痛苦不堪，雖然醫生說找不到問題就是最好的結果，我還是不相信一切都沒問題。

我開始陸續呈現的應對：

朋友的、工作上的互動都很扼要，但更精確的形容應該是都很冷漠。

我的交談，沒有主動話題，只有被動答覆，而且能一個字作答就絕不用兩個字：「是」、「好」、「不要」、「或許」、「會嗎」。

嚴厲、嚴肅、嚴苛、嚴峻、嚴格……這就是我日夜表情的總和。

有人說：「這麼不苟言笑，好怕妳喔！」我的不苟言笑中，其實藏著我的獨白：「我才怕你們呢！」

友人的關心語言，在我聽來，都是「言不由衷」、「另有用意」、「話裡有話」。

我不相信有人真心真意對我有善意。

我開始陸續邁向崩潰：

我住在汐止雅典王朝社區時，家中裝了三道內鎖，弄著弄著，我把自己誤鎖在家中出不了門。

我在辦公室一大樓二大樓連結的天橋上，每天從七樓俯瞰樓下，體育組編輯簡月芳路過時，隨口玩笑一句：「幹麼！想跳樓啊？」我的眼淚當即串落，是呀！的確有一個強大抓力讓我興起奇怪的念頭，沒有人知道，要抗拒這樣的抓力是何其艱苦的爭戰。

冬天夜裡下班，先到光復南路江家豆漿店叫一碗熱豆漿暖暖身，豆漿一端上來，大顆淚珠就滴滴入漿……

我盡量禁語，因為我口吃的相當嚴重，而我並不想讓人家發現我口吃。

我整夜握拳睡覺，一早起床，手掌上總是留著一排指甲戳痕。

我的愛犬也得了分離焦慮症，我一天要多次奔回家看牠們是否安好，我們不是相濡以沫，我們簡直就是同泣欲死……

我開始面對初步醫療：

我在聯合報診療所婦科看診，大姊說：「我妹妹隨時都陷入緊張狀態。」醫生指著檢驗數據說：「這樣的賀爾蒙指數，別說緊張了，連跳樓都有可能。」

我拒絕服賀爾蒙，因為我的女性週期正常，而且我不想面對賀爾蒙會有後遺症的風險。

醫生說：「停經與否不是賀爾蒙足夠與否的絕對因素，所以有些停經女性並沒有更年期症狀；此外，當基本生活品質都受影響時，有關賀爾蒙的風險已經是其次問題。」

於是我開始服用了賀爾蒙，而且我又到國泰醫院去看了家醫科。家醫科醫生給我開了舒緩情緒、鬆弛神經的藥，當時的藥袋不像現在會這麼清楚標示與藥物相關的說明。

我同時服用補充賀爾蒙與舒緩緊張的藥，並離開獨居，住進姊姊家。

有一晚下班後，我發現自己在汐止大同路上，怎麼想也想不起來如何開車回到內湖康寧路的家，接到電話的姊姊嚇壞了：「妳現在停到路邊不要動，把門牌號碼念給我聽，我過來接妳。」

有一天朋友來家，我說：「你看，我的世界已恢復美好。」朋友走時跟姊姊說：「讓愛倫停藥吧！她眼睛亮得嚇人！」

我從善如流，當即停藥。但兩天後一早醒來，竟陷入強烈的低潮，坐在床上嚎啕大哭不止。

等到醫院才知道，我一直在吃的是抗憂鬱藥，醫生說：「要慢慢減量，不能這樣停藥的。」

我開始嘗試積極自療：

當知道自己服用的是抗憂鬱藥之後，我強力振作；我要靠藥物解決症狀，但是我要靠改變生活來斬草除根。

憂鬱症的第一個關卡就是走不出自己的家門，任自己在封閉世界每下愈況。

謝謝我曾有的經濟壓力，因為需要生活，最窮山惡水的時候，我沒敢放棄工作，所以再從工作自救吧！

我開始恢復工作上的社交生活。在當時，這是很痛苦的改變。

我出門前一定對著鏡子練習笑容。在當時，這是很自虐的偽裝。

我杜絕攤坐式的情緒沉溺，只要覺得黑雲在飄，立刻走到人群中去沖刷自艾自憐。在當時，這是很勉為其難的演習。

姊姊帶著我到烏來、北投、金山四處泡湯，我從湯屋泡到大眾池，我從拘謹羞澀泡到天體無謂。

我要特別特別提醒與建議：

大眾池的泡湯，可以澈底解放自己對酒囊飯袋軀體的感受，也連帶影響思維運行的天地無邊。泡湯是我引以為重的療癒方式。憂鬱的人，一定要去試試這個項目。

結論

如果鬱症是重度等級，不要怕，要看醫生要吃藥，生理上的治療是很必須的。此外，我覺得調整情緒的有效行為包括：

1. 努力結交「新朋友」，轉變自己的話題模式與邏輯。
2. 書寫日記，省察內心的聲音；整理思緒，會發現自己仍有飛越難關的能力與智慧。
3. 多和大自然、動物對話。
4. 培養嶄新的嗜好，從手工勞作到文創寫意，無一不可。

我可能運氣好，因為憂鬱症程度並不嚴重，才能在自省中找到自救，但是我相信我願意面對憂鬱症、願意服藥、願意用改變生活來改變意念、願意用意志力搶回自己挫敗的人生、願意脫離我怎麼把自己過成這樣的悲情……也是不讓憂鬱釀成大亂的關鍵行為。

憂鬱症是如此黑暗，但是我相信心的力量更大，點亮黑暗需要的不只是技術，不只是醫術，更需要當事人願意為自己努力的覺醒。

同時我提出嚴重警告，如果為了逃避責任，常常以憂鬱症的藉口威脅他人勒索情感，可能憂鬱症就會有機可乘真的棲息不去。

為何被鎖在玻璃牆裡？

這個世界，無庸置疑，好人一定比壞人多，而且多很多，
但是一個壞人卻有本事關掉一千扇心門。

新聞裡時有提醒我們小心的犯罪事例，網路上則有更多驚世駭俗的詐騙手法，我想最受連累的職業就是電話行銷工作者。

十年前金融業的理專，可以便捷的從電話服務、電話行銷，陸續開發客源及穩定客戶，但是現在行銷行業的 call out 電話團隊，可能真的嘗盡熱臉貼冷屁股的滋味，不但被大量質疑，且被斷然掛電話。因為壞事太多，人人被教育，不要和陌生人說話。大家也都遵循共同的警惕，不給對方說話的機會，就是遠離陷

阱的最有效方式。

朋友網購一個鍋子，貨送來打開，只從一堆報紙裡翻出一個完全不像鍋子的鍋子。她氣商家騙人，也才明白「貨到收款」的交易承諾只是讓人放心上鉤，等到開封發現受騙，收款員走了，包裝箱上沒有任何可聯繫的電話地址。

我因為不會網路下單，加上習慣眼見為真（這世代，眼見也未必是真啊），只敢買看得到的實物，哪怕貴一點也甘願。所以我不曾敗給網路。

倒是面對真人實物，有些經驗，也讓自己有點意外。

我在石牌榮總看診，看到身障同胞賣郵票，我買兩張，他說是紀念郵票要一千元，因為意在助人，不可討價還價，於是我付了錢。

我在仁愛路國泰醫院遇到身障同胞賣很普通款式的原子筆，我買兩支，他說八百元，因為意在助人，不可討價還價，於是我付了錢。

這兩樁事讓我覺得，如果是單純的「捐助」可能會比砍冤大頭式的「義買」來得舒心。

還有一樁事發生在十多年前。那天是大年初五，我到凌峰哥家吃水餃。

坐在計程車後座上，我聽司機大哥說了一套很完整的電話，我也聽出了關切。在他掛電話之後，我立刻問他：「剛剛是跟家人說話？家裡出事了嗎？」

他說：「是我女兒，她在醫院留守，我爸爸在××醫院過世了，我們辦手續的錢湊不出來，還差六千塊！醫院不讓我們領回爸爸。」

我拿出過年的嶄新鈔票一萬元給他。「你拿去用，先把爸爸帶回家。」

我不騙你，司機先生真的是死命地推拒，說：「不要不要，我今天多跑幾趟車，就會湊到錢的。」

我把錢硬塞給他，也附上一張名片：「上面有我的電話，你方便的時候，再還給我就好了。」我還多加一句：「我在待業中。」

進了凌峰家，我把這事告訴了張光斗。他說：「可能不是真的。」

我說：「哪有人為了騙錢，大過年詛咒自己父親的？」

後來知道，張光斗也被騙過。

幾年前，我的朋友在臉書上發布她朋友遇到「可憐的司機」，故事內容跟我一模一樣，我留言：「騙人的。」她說：「絕對是真的。」我就不再多言，免得因為要幫朋友避免一場詐欺，而造成人家誤會我心思刻薄。

嚴格說來，這個司機沒有主動騙我，他只是用聲音表演了一個孝子電話的橋段。〈人生就是戲〉歌詞說得好，「看戲的人兒個個是戲迷」，我的個性特別容易投入情節，不由分說地就入鏡軋上一腳，既然是自己送上門強迫人家接受我的金錢餽贈，我就沒有資格喊冤，也沒有真正生氣，但從那之後，我不善良了。總之，我不再幫助陌生人。

有一年，我跟很了解我的朋友說：「不知道為什麼，我現在常常覺得自己鐵石心腸，我真不喜歡這樣。」她充滿理解地說：「妳只是太熱情，現在是回歸正常，很好。」

不傷就不知道痛，不痛就不知道傷。很多很樂於助人的人，是不是也在一再幫助別人之後，因為「發現真相」而慢慢變心了！

現在沒有列在通訊錄的電話，漏接了也一律不回覆；接聽陌生電話的口吻一定先行降溫，用冷冰冰的應對來保護自己。

詐欺事件有時就只是金錢心情的傷害，談不上嚴重的傷後症候群，但是因為層出不窮，絡繹不絕，甚至也見心狠手辣造成逼人尋死的重大事例，培養出的社會氛圍就是現在這樣——你要小心，因為身邊的每一個陌生人都可能是騙子。詐騙的智慧這麼高，做什麼事會不成功呢？用聰明造福人群的人生獲利較大，還是用欺騙掠奪人群的人生較易發達？

這個世界，無庸置疑，好人一定比壞人多，而且多很多，但是一個壞人卻有本事關掉一千扇心門。

心門的關閉，和害怕恐懼有關，終結到後面就是不聽不看不理不接觸覺得最安全，於是壞人被關進牢裡，好人也被關在間隔彼此的透明牆裡，有能力有意願的人常常不知該把心交給誰，也不知該把錢交給誰。太多人願意捐善款，但是想到善款常常下落不明就打消念頭。

累積千萬捐款的菜販陳樹菊成就了巷弄裡的偉大，我們每個人學到她的十分之一，社會就會不一樣了。當然，也有很多善行隱而不宣，因為當事人怕曝光後招致覬覦的危險。

為善要與人知，才能拋磚引玉，才能眾志成城，可是壞人壞事斬傷世道善根，小善大善，竟有行不得也的禁錮。

大非大與小非小

這個世代一如狹長的時光隧道，很多人卡在中間，向前看，有光，可是遠的沒有盡頭，回頭看，有光，可是飄渺的已不真實。

中文裡我很喜歡「小」字。從筆劃到字義，我都覺得「小」是有迷人之處的，小而大也的確可以成立某種特定的格局。

跟小字連結起來顯得負面的字詞不多，就算「小人」、「小氣」，如果在「小人」後面加上一個「兒」字，那「小人兒」聽起來就立刻出現搖搖擺擺娃兒的畫面，是不是很可愛？「小氣」也是，如果在後面加個「鬼」字，「小氣鬼」的揶揄力道就不會那麼不饒人；此外，「小心眼」添了個小字的形容，是不是也像一種親暱的情緒？

當你說一個人是「壞蛋」時，好像他就真的被定位是個「壞傢伙」、「壞東西」，但是如果對一個人說，你這個「小壞蛋」，這時這個「小壞蛋」聽起來，就沒有挑釁責備與批評那麼犀利。

來體會一下，一個男人跟一個女人說：「妳的小腦袋在想什麼？」跟他說：「妳的腦袋在想什麼？」有「小」沒「小」的添註，感覺是不是大大不同？

對一個跟魁偉身材差距太大的男人，一個「小巨人」的稱呼，足以把他推向讚嘆的高峰。

所有動物，越小越奪人眼光，虎豹熊、雞鴨豬、馬牛羊、狗貓猴……總是怎麼看怎麼愛。

現在人們最愛形容自己「小日子」過得不錯，這個「小日子」簡直就是「麻雀雖小，五臟俱全」的相義字，意味生活裡的酸甜苦辣都是恰如其分的滋味；也許也會有人會說：「日子過得很苦」，但是沒有人會說：「小日子過得很苦」。顯然，「小」是一個光明面的字詞。

相對於小，大也是一個非常特殊的形容詞。「小壞蛋」不會啟動防衛心，「大壞蛋」可就讓人草木皆兵。但大字的本身應是正面字詞，是磅礡的、是宏偉的、是遼闊的。

傳記故事裡，很多大人物是背後小人物烘托的；歷史野史裡，很多大英雄是背後小英雄襯托的。大與小，就像錢幣銅板的兩面，有必然的黏著關係，卻只有一面標示幣值。

社會心理學認為「老二哲學」是最智慧的處世態度，老二哲學無非就是大與小之間的折衷位置，向前可攀升，退後不落寞，人若如此，心不隨境轉，容易安然自在。

相對於「老二哲學」，我以「綠葉之論」修身修性。

社會歷練數十年，因職業之尊之便，某些場合裡，難免在年資年齡職銜的加冠下，列為優先排序對象，或奉首席，或坐主位，剛開始，對於這樣的殊榮極感尷尬，但是為了保障公司的業界地位，不得不把神氣的坐座尊崇當作是自己對公司的責任。

可是在私人聚會裡，我一向——真的是一向——準時出席，並順利先到先選位子。圓桌，選坐在主人與主客之間的左右兩翼位子；長桌，選在左右兩側邊位。拍照時，本來也依循此規選在邊位，但現在老了，怕被小廣角拍的臉歪嘴斜，有的時候會跟小孩說：「讓讓，讓讓，讓老人家坐中間一點，別把我拍擰了。」

如果有演員朋友在，我多會不留痕跡的調配現場排序，讓常在螢光幕前工作的他們處在相機鏡頭最不易變形的位置，臉部端正是朋友職業的重要條件，我該為他們多考量一點。

不要相信網路上的生活提點：如果你太好說話，朋友就不當你一回事，會欺負你。

在團體生活裡，把別人看大一點，把自己看小一點，降低的是磨擦，提升的是和諧，不會因為你對人好，人就欺負你。

生活經驗、友誼觀察，讓我深信不疑——溫和的個性與不計較的作風，贏得的是敬重與親近，絕不會被當成軟柿子來揉捏。

在大場合裡做好綠葉，為他人的閃亮喝采；在小場合裡做好綠葉，冷場時吆喝帶動唱，我培養自己能動能靜能宅能鬧的配合力，這樣的自我訓練不是演戲情懷，而是為了訓練且內化能力，在任何場合都能融入與提拉快樂氛圍。

這日跟姊夫聊天，他說：「我們大學年代，灌輸的知識是『人人為我，我為人人』，我們學習的人生是『犧牲享受，享受犧牲』，我們追求的是『團體榮譽』，不推崇『個人主義』……我們……」嘆口氣，姊夫說不下去了，索性去書房看書去。

這個世代一如狹長的時光隧道，很多人卡在中間，向前看，有光，可是遠得沒有盡頭，回頭看，有光，可是飄渺的已不真實。

政治上，富人管窮人，富的繼續富，窮的繼續窮，富人還謀略的讓窮人去憎恨窮人。

社會上，惡人欺善人，惡的繼續惡，善的繼續善，好在惡人無法謀略讓善人憎恨善人。

社會上的惡人比政治上的富人要善良一點，社會惡人危害的是點狀，政治富人危害的卻會縱橫好幾代。

數大就是美；心大也一定美嗎？

如果大願飽滿，卻不是用來成就美好的事物，這樣的心大，就會日積月累傾向貪而不實，一如權柄之握本當用於加持良善的威力。然而權力卻往往會成為個人的資產，而且這個資產又往往思謀併吞他人的、社會的、世界的、宇宙的資產，這樣的心，是不是大到讓人畏懼？大的字詞，因而蒙上黑暗魔力。

大與小，可以因人因事因時的發生予以註解，是以「大」不一定是大，「小」也未必是小。追求顯赫的大與刻意低調的小，都可以寫出一個人的傳奇，那麼大非大、小非小，都是可能存在的嚮往。

名聲值不值錢？

我們會為一件事感動，我們也會為一件事遺憾，
但是我們豈能因一件事對一個人的人格下絕對性的評斷？

所有事實，只要有一個人知道真相，就不必在乎被誣蔑的委屈，即使這個人只有你自己而已。

年輕人靠自述的履歷介紹自己，需要被鑑定、被相信、被承認。
成年人靠發生的經歷證明自己，不易粉飾、不易虛報，更不易扯謊。
名譽是自珍而成的，清譽是累積而就的。
好的名聲是無價之寶，是生平的光環，但是這個有行無市的極端尊榮，也

是相當兩極化的信仰。無價之寶，究竟值錢不值錢，因人而異。

有人為名聲，不近榮華富貴，拒絕任何理由的變賣求利。有人捨名聲，什麼樣的交易買賣都可談可議，即使踐踏祖宗牌位都在所不惜。於是在一些人群物種裡可以一眼看穿，越是沒有譽令的人，越懂得「名譽買不到，但可以賣」、「清譽編不了，但可以騙」。

社會領袖有黑有白，也有正有邪，他們不但旗鼓相當，各有兵將，而且惡者無忌，反而常居上風。

追惡而忠，往往更有生命共同體之體認，領導者有掠奪本事，也懂分贓使倆。擅搶、擅給、擅要、擅拿，足以聚合彼此天衣無縫的共襄盛舉。

敬善而隨，則是實踐真理的同伴之旅，要有眷顧天下的真誠願景，不管是領導者還是追隨者，都要放下私欲，都要以德為本，才能朱赤相親。

家庭教育、學校教育，再加上一些天性本質與際遇感悟，形成一個人完整的樣貌。四十歲之後的人，學歷資歷經歷已經整合發酵，雖然單一事件往往可以標籤一個人的印象，但是我深深相信，正反事件的交匯總和才是名聲訂定的根據。

我們會為一件事感動，我們也會為一件事遺憾，但是我們豈能因一件事對一個人的人格下絕對性的評斷！我們只有透過重複的類似印象，才確定自己內心如何界定對方，也讓對方決定如何評價自己。

善意與誠實，是我希望自己能一生堅持的德性，但是人性中必有小奸小惡，我當然也做不到無瑕的清白。

我慶幸有好父母、好手足、好老師、好朋友，他們在我「從善如流」的天性上給予過很多的啟發。

少承父訓「有則改過，無則嘉勉」的教誨，讓我面臨蒙冤或不白的時刻，能靜心聚焦在糾舉事情的內容，卻不致憤怒或急於強辯，因為這八個字就是叮嚀自己在面對對立言論時，能有一個單純的就事論事態度，不可狂妄自大，也不可妄自菲薄，更不可酸言以對，年事漸長，我著實更懂得——讓子彈飛一下是多麼必要的涵養。

在平面媒體光華四射的年代，做為記者，我們受惠社會地位，我們也受罪暗潮流彈。

《民生報》全盛時期有八塊影劇版，有幸常常五個頭題是我的。每天除了睡眠以外的所有時間，我都在工作，一天手寫發稿量達四千字以上，經常誘發肌腱炎去榮總打類固醇，這樣的敬業雖為自己贏得很多模範獎牌、獎座、獎金，卻也帶來諸多「不幸」。

曾經有一回，我的老闆效蘭發行人閒聊時笑問我：「聽說妳有四棟房子？」我哈哈大笑：「幾棟房子這事，發行人可以請跑相關路線的同事到戶政事務所查一查就很清楚了。」

我很高興我的老闆效蘭發行人當面問我，讓我有機會據實以答。我遇到的是好老闆。

任《星報》總編輯時，編輯部全面換電腦，我和美編組討論究竟是選用麥金塔，還是選用PC，呈報給社長王安嘉之後的兩天，安嘉找我問話：「高姊，有美編來說選用的電腦，參考價好像有問題。」我說：「我會儘快問清楚是哪部分不得宜。」

我再回問到組長時，組長當即氣得爆炸：「高姊，這明明是全組美編討論的品牌與匯集的參考價，誰去告狀？安嘉為什麼不信任我們？難道我們會蓄意報高價錢嗎？」

面對小夥伴的激動，我說：「我們只是提報作業裝備，又不負責採購，所以沒有操守的問題，但是有不了解的部分，我們是不是有義務解釋到她清楚為止？哪有什麼不被信任的問題。我們不要怕別人告狀，我們要怕自己引用到不正確資訊。」

隔日安嘉主動說：「高姊，我弄錯了，照你們提報的更換設備。」

我很高興我的老闆王安嘉社長當面問我，讓我有機會據實以答。我遇到的仍是好老闆。

每個人在自己的行業別裡，都可能遇到荒唐的傷害，有些是蓄意，有些是無心，在太多的哭泣與太多的委屈中，我們未必要弄清楚追襲者是個「神罵東西」，我們要不斷學習的是——繼續維持一種端正的姿勢。

對於我們在乎的人，遇到不明，可以保持緘默不問的信任，也可以問個清楚穩固信任。總之，不要因為旁人的語言而動搖自己的信任，如果自己的心脆弱的禁不起可能不是事實的晃動，那麼這樣的友情或許早在降溫而不自知。

我不在有陌生人的大群組聊天，倒不是有安全顧慮，而是明瞭一個話題在不同生活經驗的人群裡，會產生非常兩極的延伸，善意的出發遭遇惡意的解讀，往往是最令人感到惋惜的。

議事問答，要簡單居上，「非說贏不可」不該是討論觀點的目的，抬槓或端出聯想性的猜測，不能解決問題。

溫良的人談嚴肅的事，不會夾槍帶棍；剛愎的人談輕鬆的事，也能舌尖興戰。遊走在這樣的人性結構裡，維持端正的姿勢，保持純正的心態，有點難又不會太難，只要咀嚼他人語言時，專心的就事論事，人和人之間一定能找到舒適認同的距離。

生活要從簡，心更要從簡。選擇簡單，應對自然容易端正。

文字可玩可相贈

在欠缺面對面溝通的世代，有太多太的感情、聯結、溝通，必須依靠文字；文字的價值也是有鄉音的，一個字彙充沛的人，在溝通方式上自然可以多元化取向。

人，先從牙牙學語開始，然後學習筆畫，說與寫漸漸交相連結，自動繪出紀錄一個人成長的思想線圖。

文字世界的聾啞盲當然沒有語言世界的聾啞盲那麼悲慘，可是無疑也會失去很多樂趣，就好像色彩中少了一個原色，雖然依然鮮豔，總覺得有一個層次欠缺飽滿。

大人們，早早督促孩子練字習畫，因為人人確信這可以陶冶性情；大人們，自己也陸續返古學書法、學繪畫，年紀大的人一旦開始重新學習，並不完全是打發時間，實在是經過生活，更懂得文字是一個好工具，具備傳遞內在渴望的創意。

創意不比好壞優劣，創意是尋求知音與共鳴而已。

開始學會寫字以來，我就喜歡寫字。

我的字不很漂亮，正確地說，應該是很不漂亮，像刻鋼板一樣，每一筆都是深刻的痕跡，一顆一顆嵌在紙上，不需要複寫紙就能透印在第二頁，如果拿鉛筆在第二頁橫刷過去，可以浮雕出第一頁的完整內容。

我覺得字是很優美，也很神祕的文物。

只需用一個字，就可以形容一個人的個性。

只需用一個字，就可以隱喻一段生命的歷程。

只需用一個字，就可以造就一場誤會。

只需用一個字，就可以發酵成一種流言。

只需用一個字，就可以編織出一樁祕密。

只需用一個字，就可以引導是非易位。

只需用一個字，就可以讓真相大白。

只需用一個字，就可以讓事實扭曲。

難怪與文字有關的文學、文化、傳記、回憶錄，不乏字字推敲的謹慎。

一個字疊上一個字變成一串字之後，可以寫出各種風格不同的讀物。

文字也是一種證據。

當文字在亮處時，它可以拿來褒揚人、拉抬人，表達公然的敬意，傳遞火炬的光芒；當文字在暗處時，它可以用來傷害人、毀損人，散播猥瑣的黑信，蔓延狐狸的狡猾。

當文字在獨處時，它可以記錄個人的喃喃自語；當文字在取寵時，它如同群眾心理學的測試紙。

不管要明要暗，文字的學習與修養，註定是重要的，因為儘管紙張印刷早已式微，但在多媒體世代，正派與反派角色不再只是聲嘶力竭的吶喊主張，語言觀點的立論，仍需仰仗文字化之後的強力放送。

文字也有潮流，這十年流行火星文。

因為青少年的時髦帶領，因為怕被冠以LKK的老傢伙也傾力追隨，從最初的「不錯吃」、「花轟」語彙，發展到現在大量用同音不同義的字相互取代，小時會挨罰打手板心的「白字」、「錯別字」，突然變成觸目可見的文字組合，真讓人覺得口齒清晰、字跡工整都是落伍的八股。

我最記得我的白髮朋友蘇月禾導演初學電腦時，因為還不懂得運用改字鍵，她寄第一封Email給我時，一封七百字的信有五百個錯別字，不過整段順讀下來，也可以毫無誤差的明瞭全信內容。

我大姊跟兒子通信時，因兒子受美國教育，做母親的被迫用英文寫信，多年後兒子說：「媽媽的信，每個英文單字都拼錯，但是我看得懂，她的信如果被情報單位攔截，一定會被誤認為是高階密碼，而且絕對不是可以輕易解碼的。」

這兩個生活小插曲可以讓我們明白，沒有文法、沒有章法的文章，一樣可以達到溝通的目的。但是我們總是可以把文字做更有趣的看待。

手機電腦的字鍵，讓我們組裝文字的速度變快，可是自動跳鍵又造成我們對單字與單詞的疏遠，如果不操練手寫字，很快地，我們會忘記書寫的筆觸筆法與手感之樂。

考汽車駕照時，如果考自動排檔，那拿到駕照的未來日子，上路時也只能開自動排檔車，想玩帥開跑車是不行的。

靠敲計算機把數字換算的再快再精準，也沒有能力或資格參加心算競賽的。

數位相機科技化，只要捨得花錢買高階相機，誰都可以成為大師，但是真正的勝出者必然懂得畫面結構與意念的重要。

所有的「頂尖」都來自基礎的「精良」。

從出生到成長，任何教育的薰陶，都涉及文字的傳承，因此文字就很像一個族群不發聲的母語、默讀的母語、具備跟語言一樣，甚至更大力量的母語。

Line 和微信上的圖案，從最初的娃娃頭圖像一再演進到附加文字，而且有文字的使用率普遍倍數高於單純的圖像。確鑿文字就是靜態語言的天賦力量。

接受文字的重要性，不是鼓勵大家坐下來寫文章，實在是因為在欠缺面對面溝通的世代，有太多太多的感情、聯結、溝通，必須依靠文字。文字的價值也是有鄉音的，一個字彙充沛的人，在溝通方式上自然可以多元化取向。

最近看了香港首富李嘉誠先生一篇文章〈我只是一個商人〉，倍覺文字力量的動人。文字、文章，就是李嘉誠先生內心母語的呈現，閱讀每一段字，都可以感受到語言的音量在時空元素中飄盪，每一件事的正反兩面，他都可以適切地同時表達，全文深入淺出，甚至連一個生澀的字詞都不曾出現。

文字可冷靜、可激烈、可掌握情緒起伏，在這個水火同源的社會，說話容易脫稿，對話易於放炮，當聲音語言已經太複雜太糾葛時，撿起文字，撿起已被輕忽太久的另一個母語，試著從文字母語的書寫中，找到靜心的交談方式。

去年歷經一次最好玩的遊戲。我把每一顆文字當魔術方塊來轉動，先生則用一支電鍍筆、一塊廢材，把我的文字燒刻下來，我覺得美極了，他也樂得完成一塊又一塊刻版；當我們把刻版當作朋友的贈禮時，因為烙字內容完全根據朋友個性寫實，的確帶給他們很大的驚奇與歡喜。

文字不一定拿來作學問，文字是可以拿來把玩的，是可以用於自娛不求人的。

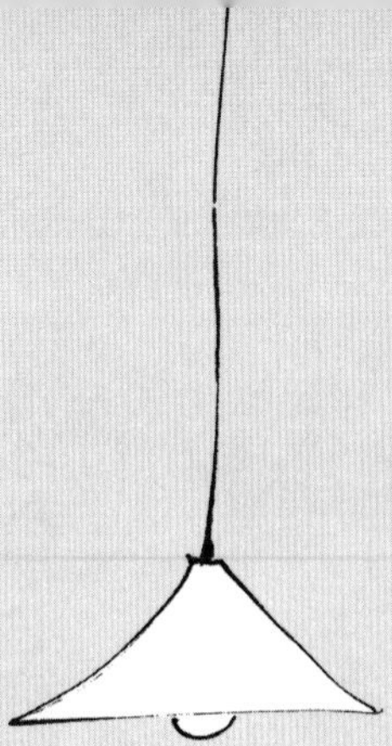

第 5 章

心德樂名單，瀏覽人我之間

你有心德樂名單嗎？

心友、德友、樂友，
並不是因為濃淡、層次、格調而產生分類，是因為他們各有價值，
才逐漸貫穿與塑型我們不脫離本性的待人接物風格。

「朋友」是個泛稱性字詞，有時只是解說「認識」或「有來往」的狀態。在一起相處相聚的形式上，玩伴、鐵哥們兒、知己、萍水相逢、曾經共事、緣慳一見……都可以統而稱之為朋友。

於是熟得不能再熟的朋友群裡，友情和交情的定位很隨緣很隨勢的存乎於心，逐漸形成自己內在的定義。

也許不是人人都知覺到，但實際上，人人都會有自己的「心德樂」名單。

你有幾個「心心相印」的朋友？

你有幾個「德沛如師」的朋友？

你有幾個「樂似泉湧」的朋友？

交朋友不可能只交一種，心德樂名單是社交的三角支撐點，很自然地在每一段互動關聯裡構成完整的平衡架構，這些成分元素的存在各有其妙之功能。

就好像我們生活裡，美麗印花餐巾紙的浪漫情調很需要，平常無奇的衛生紙卻是一日都不可缺。

就好像我們生活裡，雖然奢望有機會喝點好年分的佳釀，卻萬萬不會認為酒液取代純水後還能活出健康。

所以心友、德友、樂友，並不是因為濃淡、層次、格調而產生分類，實在是因為他們各有價值，才逐漸貫穿與塑型我們不脫離本性的待人接物風格。

三人行必有可師之人，絕對是個好道理。

朋友是多麼的重要。

爺爺奶奶或爸爸媽媽帶幼兒去公園玩耍，是培養他們跟其他小朋友接觸的第一階段；上幼稚園則是正式開啟訓練交友第二階段，其中包括柔性的專業引導，教會孩子融入團體生活。

在有了學校生活以後，孩子的學習感染與認同，易於集中與聚焦，難免的，當青少年行為出狀況，家長學校常常有感：「孩子變壞，是因為交了壞朋友……」

別說孩子遇到壞朋友會走岔路，成年人遇到壞朋友，何嘗不會做出錯誤的選擇？

朋友是思維的翅膀，可以帶領我們飛得高看得遠，也可以帶領我們迷路而不自知。

我生性膽小，所以我不敢也就沒有交過壞朋友，而且偶爾我發現對方跟我的關係並不是我想像中的真切友好，我就會挪開自己的專注，不讓自己擔驚受怕，因為投緣與否真的是三分天註定。我們不會博愛到喜歡每個人，當然也不可能討喜的被每個人看對眼，朋友會不會做讓你不適的事就是丈量彼此關係的自然痕跡，要懂得讓步，要懂得退場，甚至要懂得——失去最好。

「心心相印」、「德沛如師」、「樂似泉湧」的朋友都是我的寶，他們的重要性並不是根據見面密度的高低判定，因為跟他們每一個人見面的品質，都會帶給我必然的歡愉與深思。

在我與世隔絕的黑暗時期，只有少數的一種人——特別偏愛形而上語彙模式的朋友，能和我對話。我們對任何沉浮悲喜事件，都能整理出一套相互理解的推論邏輯，雖然說人生沒有如果只有結果，但是我們仍藉由種種假設性的論點，認識挫折的關鍵，他們不會直接指點用什麼方式解決難題，他們只會透過不厭其煩的陪伴來反覆演練我面對現實的能力。

這些朋友，是我心中時時相印的影舞者。

他們像西部片裡的印地安長者，隨便述說一隻鷹的故事，都能充滿智慧哲理。

他們像深山裡的宗師，微笑之中禪語如風，但任由我自己捕捉禪意與禪悟。

我不好時，他們就像紅塵間人隨傳隨到；我好時，他們則像大師閉關鮮少黏膩。

在這時親時疏的歲月裡，有時也會發生角色互換實例，讓我做做棒喝者，用推一把的方式拉對方一把。那麼即便我們會兩相銷聲匿跡，但是我們也始終心心相印。

生活不是一直都會有問題，所以也不需要不停地找答案，但是因為世界很大，走不到、讀不完、學不盡的點線面太多了，於是我開始懂得必須學會仰望另一種朋友。

德沛如師，貴在知識豐富又學識浩瀚，他們像是一座走動在無障礙空間的書櫃，信手拈來、信口陳述，無一不是大江大海的豐滿寶藏。我就把聽故事的取巧方式納入加強認識世界的課外補習。

我喜歡聽歷史故事。

我喜歡聽鄉野傳奇。

我喜歡聽理財投資。

我喜歡聽名人軼事。

我喜歡聽室內美學。
我喜歡聽設計創意。
我喜歡聽茶酒品鑑。
我喜歡聽政治卓見。
我喜歡聽田園種植。
我更喜歡聽一個這樣博學的人，在個人齊全的涉獵中，是如何進化與淨化自己在人生應對上的與眾不同。
德沛如師的朋友，德高未必年長。
聽他們說話，就像閱覽一部實境紀錄片，有娛樂效果，也有激發自己身歷其中的邊聽邊學渴求。
今夏，除了睡覺上班之外，都活在太陽或星光之下的戶外達人朋友，白天帶我們去海邊走岩，晚上又在另一個海域翡翠灣夜觀打漁郎牽罟，當漁郎收網拉魚上岸時，他用目測就知道，這一組漁獲起碼兩千多斤，真是驚人的經驗；而我也初次看到打撈上岸的比目魚與小體積的河豚「們」，心裡稀奇的感覺，讓我晒得黝黑的皮膚都跟著反光了。

有知心、有學習對象之餘，樂似泉湧的酒肉朋友也是心中重要的一塊。能帶動輕鬆快樂氣氛，是一種天分，這樣的人靈活、靈巧、靈光，他一說話就有人笑，比說笑話卻不聞笑聲的人當然有趣多了。

「有趣」的種類很多，在人際關係裡，有趣的人比好人容易成為亮點，有趣的人時時都在推陳出新的帶動唱，知性感性任性的話語總因為他的串聯充滿可愛的隨興，確如沐人春風。

朋友上了我的心德樂名單，哪類哪型都是我深深愛戀的。

你有心德樂名單嗎？我認為每個人都有的。

不評朋友品朋友

在我歷經人生後，不管是滾燙的熱鬧，還是輕盈的獨舞，
我都可以自在淡定的安然，
這一方面是學習而來，一方面也是個性如此……

我會因為一件事的認同，而特別喜歡親近一個人；我也會為很多事件的累積，而停留在遠觀一個人的距離。只是，我不輕易對人下結論。

甲、乙是好朋友。有一天，乙跟我說：「我不喜歡跟他聊天了，以前覺得他博學通理，聽他說話如同進修，但是偶而我有自己的主張時，他就一定要強力說服、強力舉證、強力駁斥。總之，他就是一定要說贏為止。」

閒聊論事，遇到不同的聲音卻還能繼續聊下去，其實可以有增長見聞的啟發或快意，但如果鎖定在「我就是比你會說」、「你就是說不過我」的目的，這種說贏對方的得意，就真的讓人啞口無言的落入無趣了。

當然甲乙的不良感受很快就化解消弭了，因為甲懂收斂，乙懂釋懷，彼此才能完全沒有芥蒂的一如從前。

一個對別人懂得讓步並對自己要求進步的人，在情緒與口舌上必然會調整嘴臉的仰角弧度，就算狠將全勝，看來輸家的一方，也不過是輸掉火氣與霸氣、輸掉跋扈與蠻橫，但卻為知書達禮的文明加分，也為積善敦睦的禮教加分。是以，贏者未必是贏，輸者未必是輸。

鄰居吳美錦老師，每天早上固定習慣聽一、二段演講，看一點書，我很喜歡閱讀她的閱讀，汲取她的日月精華，我透過她，偷懶但取巧的學習著。今早，她說了一句簡單卻極有趣的話：「這個時代已經無所謂『放諸四海皆準』的信條了。」

人和人的距離再也不分天涯海角，可是溝通成效卻越來越咫尺天涯，就是因為凡事已無「皆準」吧？與時並進修定新觀念是好事，但無厘頭式的為顛覆而顛覆盲從，卻造就了人文發展的焦土政策；不重要的事可以掀起很大的衝突，重要的事卻銷聲匿跡藏在深處。

人的自私、人的自我、人的自尊，全都被放大了；人的自律、人的自修、人的自愛，卻全都被縮小了。這樣加劇的落差很容易擴大性格與語言上的貧富懸殊，一旦遇事爭論，當然很難定焦在事件本身，於是有理說不清，越扯越無名。以致整個社會都被本位主義的捍衛觀念把持著、挾持著。

摘除溝通障礙是有節奏的。

第一，先學會並允許異議者把話說完。

第二，先學會不帶攻擊性的表達重點。

第三，先學會不用意識形態的成見去編造弦外之音。

第四，先學會辨認辯論的內容是不是定位在相同的主題與焦點上。

第五，所有聽聞都是參考，沒有經過確切明證，不要輕易下結論。

對人對事不要輕易下結論，是非常重要的基礎態度，能夠如此的人，通常不會以訛傳訛、通常不會造謠生事、通常不會捕風捉影、通常不會指桑罵槐、通常不會節外生枝，不輕易對人下結論，不敢說是美德，但至少是很好的習慣。用情緒去解釋字詞的用意，絕對是徒勞無功又製造事端的。但是在職場與社群裡很容易發生這樣的誤解。

比如，簡單的「提問」，會被翻譯成「質疑」，於是「你憑什麼質疑我？」就變成很大條的衝突。

又如，「告知」、「知會」是很一般的倫理與禮貌，但是忽略者會解讀為「我幹麼要跟你報告？」於是莫名其妙地就發展出勢不兩立。

還有，在兩個朋友或陣營的角逐中，除了選擇選邊站，難道就沒有任何其他可能?扮演和事佬是一門學問，雖然都是從好心善意出發，有的人可以讓兩造握手言歡，有的人卻會掀出更大的惡夜狂浪。

在我歷經人生後，不管是滾燙的熱鬧，還是輕盈的獨舞，我都可以自在淡定的安然，這一方面是學習而來，一方面也是個性如此。我自認不輕易對人下結論，所以我絕少恩怨，周圍更無是非之人，這種無雜音的生活空間可以讓人穩定的看待自己，才是地表最適合人居住的類虛擬實境。

「永遠不要從別人嘴裡去認識另一個人」這句話很打動我，也讓我整理出自己一向秉持「不要從我的嘴裡去論定另一個人」的本心，可是關於另一人的好，我樂於傳頌。

我也喜歡這一句「如果你不是瞎了，就不要透過別人來認識我」，所以我會安慰受傷的朋友跟我做相同的選擇，少跟來說廢話的人說廢話。

看到鐵哥兒們的勾肩搭背，聽到女友們一日幾通電話的黏膩，我偶或會心虛自己跟朋友之間的虛實究竟如何？我有知己嗎？我有閨密嗎？我的形而上交談風格能建立兩情不忘的友情嗎？如果我有祕密我能跟誰說？我可曾知道誰的祕密？我為什麼絕少開口詢問任何人的私事？我的關心到底從何表現？如果有一天我臥床，我會接受誰的探病？我能夠列出最親密對象的排行榜嗎？我有把握告訴自己誰對我的喜歡是最真切的？

在這些所有問號裡，其實重點不是有沒有答案可結論，而是這樣的自問自答，怎麼一點都不像我已經展現幾十年的熱情形象？我確定這不是一種性格分裂，想來，是我內在偏愛靜謐的孤獨，外在卻執迷活在入境隨俗的制約規範中。

我的話題多半圍繞在邏輯觀念、作家、電影、舞臺劇、美食……我跟朋友很少談朋友，我們幾乎不會提任何不在現場人的名字，會不會因為我們不談論單一對象的個人私事，所以造成我們不自知的距離？因為有一種說法，交換祕密才是友情的黏著劑。

日常裡，我在乎的是我的飲用水安全嗎？我可以憑證買優惠電影票了！我的朋友家人能因我而快樂嗎？我會花心思與人愉快相處，但我不花心思去猜想拆卸每一句話是否別有他意。

我嚴厲檢查自己的待人，要求自己不要對人輕易下結論，最終我發現，我對自己也無從結論。

我是密醫

我是心理治療師、我是文字治療師、我是食物治療師，
但我絕不是病理治療師，我不會治病，我會陪伴，
我會協同幫忙喚醒陽光思緒……

十五年前的三十三張磁碟片，評估累計二十萬字，原想拿出來發表，但找了張三李四王五等專家來幫忙，不管格式化內容或內容格式化，都救不回裡面的私人日記。也好，心一橫，我把磁碟片丟進垃圾桶裡再澆上醬油，摧毀我早已記不清楚的從前、過去與往事。

你可曾對自己好奇過？我對過去的自己很好奇，一再想翻閱我是如何對待

自己的紀錄，但是真的澈底清除可能喚起記憶的憑據後，好像也沒有絲毫不捨，這是人老的無情，還是人老的豁達？

我總是鼓勵受情緒困擾的朋友寫日記，有的照做了，有的則把我當作一本日記本，把他的語言、心情、觀點，日復一日灌進我的耳道，我聽了後，要回應、要勸慰、要恩威並施，用心的以我的理解方式，努力讓對方在下一次的傾訴，出現明顯的改善狀況。

久而久之，我成了密醫。

在不同的案例中，我是心理治療師、我是文字治療師、我是食物治療師，但我絕不是病理治療師，我不會治病，我會陪伴，我會協同幫忙喚醒陽光思緒，既然醫學證實愉悅有益健康，朋友之間的確該試著為心情沾著泥濘的受創方撢掉一些雜質，而且盡量不留痕跡。

密醫要有能耐。

剛退休那年，我跟對門鄰居潘太太請教如何考張老師執照，潘太太可真是一針見血地說：我覺得妳很容易杞人憂天，這樣個性不適合當張老師，輔導別人並不是有耐心傾聽就好，很多時候，接收別人的悲劇悲情，會把自己也拉進無底洞的低潮。

我想到小同事在一堆小青年面前的形容——我們把難處苦處跟高姊說完，問題就變成她的了，能不能解決，會不會改善，我們一點都不急，她卻怎麼都放不下。

導演夫人曾跟我說過：「不要因為人家推妳做領袖，妳就一定要做領袖。」我無意當老大，也無心做領袖，但是看到別人的問題，我就是「忍不住」或「不忍心」不去關心、幫忙。我絲毫不想把事情攬到自己身上，但是我經常莫名其妙的就置身事內，別人的痛很容易就成為我內心的牽掛。

好在，經歷會修正人的個性，時間也會改變人的彈性。

慢慢地，我相信有些時候我們真的可以扭轉乾坤，可是有些時候，我們真的就是無能為力。

當同學說：「現在接到的白帖多過紅帖」時，我不再那麼容易隨同感傷，可能是四十歲到五十三歲之間一再歷經大慟，覺得人來人去都是極自然的起落；我已完全領悟，心思簡單心情舒坦的過日子是我們僅有的選擇，也是最必須的能力。

世界何來無常？
所有的無常，都已經變成我們的日常、經常、平常與尋常。
一一走過枝葉黃，
莫在事後嘆無常，
海海人生浪頭高，
沙漏數遍好時光。

在陸續的催老會催老說之後，我理解了老之難逃，也開始加倍訓練自己老而彌堅。

十一年前做不成「張老師」，現在可以做到「心靈伴友」，我沒有教誨別人的意圖，但是我發展出絕不是天賦的能力，訓練也努力成為別人情緒的處理機，不管聽完多少事，終於能一甩頭就覆蓋黑暗，不再把別人的負面情緒變成自己心中的迷障。在以前，我是萬萬做不到的。

記得九二一大地震時，只因為早上看了四小時慟新聞，畫面強波襲腦，憂鬱症當日復發，煎熬數月之後才復原。

做一個可被依靠可被依賴的人，身體強壯、心思堅定、勞動取樂、力求長進都是必須的條件。

走過憂鬱症，我願意陪這樣的朋友一起尋光。

我很有耐心，一聽就幾小時，偶爾我也會生氣不耐，但我不在言語上嚴厲，而是回家後以更費勁的方式書寫語言，以求梳理困惑時，能過濾掉自己的不當反應。

當今的生活哲學是鼓勵大家以過好自己為優先，願意付出與願意配合的程度自然就面臨重畫區域，我的悟點跟「朋友是老的好」論點略有差異。我們年紀越大，越需要開放生活的廣度、結交不同領域的朋友、靠近有閱歷差距的年輕人，好讓自己被新的吸引力活化。

以前墜入黑洞時，我為求生活，不能停止工作，所以必須自我振作、自我提示與自我訓練，完全沒有條件「專心沉溺與擴大」憂鬱症這個主題與話題，反而提前頓悟「感恩之心會形成巨大的力量」。

三個月前接到一訊，簡陳如附：「愛倫，有個不情之請。因為健康理由，我最近必須加強進食，吃是我最重要的課題。能不能搭便車，在妳家開伙的時候，順便幫我裝個便當，不問菜色，做啥吃啥，一個一百元，可行嗎？不要有壓力，我只是放心妳家吃食。」

我被這個要求打動與感動，謝謝有人如此信任我們，我在一分鐘後即回覆：「放寬心，你現在需要體力，我知道如何照顧你，盡力讓你保持每天吃當日鮮食。」

由於飯局多，我們在家用餐就盡量簡單，以期平衡外食的毒素，不但從不用味精炗粉化學性調味料，更常是一道苦瓜或一道茄子就滿足了一餐。

因著照顧鄰居健康飲食，怕只做一人餐食口味單調，開始以「無菜單家常菜」來「徵求晚餐搭伙食客」；團餐始於信任，行於信任，家常菜便當擺出給啥吃啥的陣勢是大膽了些，但是接受者眾。

我主演行政主廚，只開菜單出一張嘴，先生則是首席主廚，照我的靈感選擇蒸煮炒；除了私下全心全意照顧特定對象，便當客的團餐是三天打魚兩天晒網的得閒才做，流理臺是遊樂場，洗菜槽是滑水道，我們邊做邊聊，覺得喜樂十足。

在顛簸人生裡，我遇過好幾個「協助我穩住」的朋友，他們就是幫我找回心靈健康的密醫。在「能為別人做些什麼」這件事上，朋友的真誠陪伴就是密醫療程，他們給我的，也是我現在可以給別人的，這是感恩的力量。

廢話裡暗藏金玉良言

所有的成熟都只有一個目的與方向，
就是讓自己在更符合人性的選擇中還能讓相關人等舒適自在。

健康高峰期逐漸滑向平原期，心臟血管的彈性、免疫能力自然都變差了，在衰退期正式來臨前，最實際的養生之道就是貼近輕鬆又快樂的事，其中，把別人逗笑逗樂逗到澈底開懷是最好的健康操。

年輕時，逗樂的主秀是你酸我，我損你；你譏我，我呸你。在這樣尖酸刻薄耍嘴皮的脣槍舌戰中，彼此雖然嬉皮賴臉的盡情討人厭，卻在吵不散切不斷的過程裡，建立了氣息相通的默契。而今老了，發現用誤解用冰釋浸潤過的友誼，其厚度深度剛好可以讓人放心的生死兩相依。

換個位子就換個腦袋是一種必然，因為眼界不同了。

換個年歲就換個姿態也是一種必然，因為境界不同了。

所有的成熟都只有一個目的與方向，就是讓自己在更符合人性的選擇中還能讓相關人等舒適自在。

跨了年齡界限，重新學習如何說話很重要。消費別人的閃失糗事再也不會引起共鳴附和，消遣自己的即興笑話倒還可以惠存幽默風趣的名聲。

並不是好話就一定好聽，也有人會把好聽話說的彆彆扭扭，比如一再重複引用並不存在的讚美像在拍馬屁，比如言不由心的善意並不吸引人，比如張冠李戴錯了套的好事傳播，比如哪壺不開提哪壺的話題意外變成嘲諷，比如……

所謂說好聽話，無非就是簡單與誠懇，把自己對人的好感、認同、謝意與尊敬，以最直接的語言表達出來。

我經歷過奇怪的障礙年歲，那時從來不敢當面讚許人家，不但覺得肉麻，還擔心別人誤會我別有居心。後來經過需要被安慰的挫折，我期待也發願要讓自己成為別人的力量，透過語言與文字的能力，協助別人改變情緒的品質。

我的朋友總在擔心年華老去。她的一日三問必須得到我的一日三答，才能安心說晚安，那我給她什麼讓她安心？只不過是以幾句尋常的真心話讓她信心如昔。

那天，她寄了一張大合照給我看，姑且摘錄幾句對話。

問：她們都是我小學同學。

答：妳是拿她們來襯托妳的年輕嗎？（意思就是：妳夠美了）

問：我後悔追劇，沒睡好，起床臉又腫又浮的去見大家。

答：妳真是自己的敵人，一早起來就吃了後悔藥，嘰嘰咕咕重複一句話（意思就是：可以換話題了）

問：我不停的旅行散心……

答：妳目前的能力只能選擇跟能讓妳快樂的人在一起，不過多數時候，妳也很會帶給別人快樂呀！（意思就是：別懷疑，妳始終很棒）

問：為什麼我什麼事都不起勁兒了？

答：是妳教我，才讓我閒來無事的日子無怨無悔的有滋有味；現在妳最好「換個姿勢，再來一次」的造福自己。懂嗎？（意思就是：我們都要突破自己的盲點）

問：妳的口氣，好像妳比我大十歲！

答：是妳愛裝小裝嫩，我完全是配合出任務。（意思就是：作為朋友我夠寵妳了）

以上所錄，是純然廢話？沒錯，是廢話，但是在廢話裡悟出金玉良言的格律，就是過好自己的硬道理。

人的感情永遠都需要出口，記得他人對自己的引渡開導，也要懂得為他人引流排毒。

電視新聞中的廢話，是真正廢話。

政治人物的廢話，是絕對的廢話。

他們的廢話都是不可能轉變成養分的廢料，汙染大地、汙染空氣、汙染身心，連借題聊天都會汙染朋友之間的關係。

但是有些人的廢話，你要當回事的好好聽到心裡去，那就是你的親人、你的摯友。

不往前說，不往後想，只回味最近的這一個月時光，你跟最親近最親密的人相處，聊了多少國家大事？談了多少人生夢想？有沒有天方夜譚的癲狂？想不想龍騰虎躍的嚮往？好像都沒有。所以你和家人聊了什麼？不記得，大概都在說廢話，對嗎？

會天天見面的家人、會一周一約的知交、會一月一聚的朋黨，只要離開現場或轉身進到另一個房間，之前的種種攀聊句句話語，好像也想不起來究竟聊了什麼主題，大概和最常見的人也總是在說廢話，對嗎？

除了職場與革命，一般的交談都不是為目的發聲，所以說者聽者，對聊天內容經常性的過耳即忘並不為過，然而不要輕忽看似言不及義的瞎聊，因為這些廢話充滿潛移默化的功能，能累積一種印象，足夠讓你辨識自己喜不喜歡坐下來跟對方說話。

手機照三餐傳圖的慣性問安，因為數量頻繁，示好善意反而令人不安，早早被青少年嘲笑是媽媽們的窮極無聊。我相信，人和人之間就靠你一圖我一圖的寄來寄去，是不可能滋長情感的。對於經年累月持續寄圖的沉默者，我只有一種聯想——是不是強迫症？

每隔一段時間，我會清理自己，退出一些群組，工作上的小夥伴最敏感，會以為發生什麼事而追問，其實毫無複雜性，想想看，七至五百人的群組，誰不是同時加入幾十個？但是大家也必然明白，真正親密的人仍是私訊互動，其他都是虛有其表的掛網而已。

我一向喜歡跟人「面對面」、「眼對眼」說話，那怕我們真的是在說廢話，也能產生交集，也能燃起熱能。

風花雪月和甜言蜜語，山盟海誓和肝膽相照，這些文字意境就跟軀體一樣，也是會因為歲月蒼老而模糊恍惚，當你放下江湖事，當你看淡紅塵緣，還有一人或一群人能悠悠跟你說著廢話取樂，你要知道，那是行走一生的報償，也是最適齡的經典交談模式，你在自己的不知不覺中，多少都帶動一些對別人的影響，也吸收正在改變你的元素。

青衫之交窮非窮

常常在我心中的朋友，不一定常常在我生活中；他們是我回顧人生時很重要的一種典型，很像戲劇裡的環境人物，不一定會深入劇情左右劇情，但是他們就是這樣的存在著……

我深深喜歡我的青衫之交窮朋友，他們讓我看到另一種人生——不必富貴也能慷慨大方、沒有分別心自然舉止悠哉、不攀高識低就會善意待人。

聰明睿智的C，具備讓人喜歡也讓人討厭的口才。他的生命，沒有祕密，沒有隱瞞，這真是嚇人的個性，但是對朋友，他一向知道該說什麼或不該說什麼。

我認識他的時候，他是任職雜誌社的小個子，這些年在中國開餐廳、開林場，千金散盡後，換得龐然大物般的身材。

當年他企劃的女性節目停播賦閒，就來我掌管的編輯部工作。一日，唱片圈宣傳頭頭，轉告一位平面宣傳因父母老衰生活困頓，徵詢大家統一襄助三千元資助意願，我了解生活與經濟狀況後，委託她代轉交一筆錢，當晚工作完畢閒聊時跟C唏噓他人的不幸，他毫不猶豫地掏出五千元說：「我也幫一把。」

C是一個買日用品一定貨比三家的龜毛哥，我常常因為他炫耀一罐咖啡一包衛生紙便宜三兩塊錢而否定他的人生寬度與深度，五千元事件把我面前的他，頓時拉高兩百公分。從那時候起，我就知道他會是我終生的朋友。

爾後C繼續回到唱片圈，再轉赴北京發展，臺灣知名歌手多人信任他，託他買房置產，人人獲利，他卻只是服務至上，厚植友情而已。

C的博愛與慷慨讓他難顧私囊。

他將母親接到武漢養老，所有沾得上邊的親戚，全成了他的受薪員工，目的是：「每天有人逗媽媽開心。」

他自建兩座農舍，我去短住過，這兩座純農村建築，永遠不會有房屋市場的行情，將來帶不走也不能轉售，所有鈔票等於栽進土裡砌進牆裡……我為他著急起來，他卻老神在在地說：「我當初都評估過，知道花了就拿不回來，但這些農舍本來就是要送給親戚的。」

他從來沒把錢當一回事，對自己沒有奢侈過，我一再知道他對朋友家人萬般捨得的事件，只能說很佩服。

我開工作室時，懂財務的H受聘來做我的助理。看來一臉老實的他，綽號「木頭」，但用了一個星期就洩底了，他話很多，他很愛笑，他還很會酸人，有時擦槍走火對我沒大沒小，我也就算了。

有一天叫他去存支票，他一會兒哭喪著臉回來，說支票信封從機車儲物箱的隙縫掉了，哪有這麼湊巧的事？我以為他開玩笑，他說：「高姊，真的全部都掉了。」我氣得恨不得叫他面壁罰站，但結果只是坐著他的摩托車到東勢派出所報案，我這老闆真夠慘了。

支票被人撿拾送回，我說送人家一點謝禮，H就買了一個昂貴的蛋糕送對方，我要他報帳，他堅持自己開銷，我想也好，不罰一下不長記性，就由他了。

我應酬酒醉，夜返工作室，情懷氾濫，自己一個人踩著凳子登高，寫了一面牆的詩，第二天一進辦公室，看到H已經提著一桶白漆把一面牆的詩刷了一半，我還沒來得及責他毀了我的創作，他卻很認真地說：「高小姐，以後不要這樣，讓同事看到了多不好意思啊！」我寫我的詩，你是我的助理，幹麼刷白我的詩？刷了就沒了，再好的詩句也不復記憶，但我沒怪他，我感覺得到他是真心的維護我。

中間有些年，H去香港做化妝品事業。

這個少年朋友，有時送我口紅，有時送我粉底，有時還嫌我衣服配色大有問題，被他數落實在是非常可笑的事，因為，他是經鑑定而不當兵的色盲，我卻被色盲奚落不懂配色！

我在高雄買了房子準備落戶，突然又轉念搬到基隆，簽了約，房款卻沒著落，H喜歡我的房子，曾經說要賣的時候先告訴他，我本託高雄仲介朋友代售，但仍先問了H要不要看屋？他立刻坐高鐵下高雄。

看完房子，他一點都不掩飾，直接說：「喜歡。多少錢？」我說了價錢，也說仲介的服務費退給他，但H不但沒有還價，還說：「仲介費不必退給我，免得被妳念一輩子……」他戲謔完，又一本誠懇地說：「我這兩年經營得很順手，一直想找機會謝謝高姊，妳千萬不要跟我客氣！」

我常說高雄房子是一日成交，但事實上，是一小時成交，因為我有H這樣的朋友，我才能順利換住基隆新居。謝謝天使朋友，謝謝命運把你帶到我身邊。

可以領取很多好人卡的L，目前在廣州滾石集團的餐飲企業任職。

L過度善良的溫和，有時顯得不真實。

青壯時期的L放下工作，到美國照顧年邁雙親，直到責任已了才重返臺灣，錯過他最有機會翱翔的事業，但是我沒聽過他有絲毫抱怨。

他曾是我的鄰居，我們門對門不鎖門，彼此都會不按電鈴就開門而入。

那天，他可能不會記得，而我始終不曾忘記。

爸爸過世那天，我在臥房側躺床沿嚎啕痛哭，L剛好來串門子，他聽到哭聲就直接到我房裡。看到他，我哭得更厲害，抽慉地說：「我爸爸走了……」

L沒有說話，坐在床沿，一手握我的手，一手輕輕拍著我的背。有些友情的堅定，就是這麼簡單。

常常在我心中的朋友，不一定常常在我生活中；他們是我回顧人生時很重要的一種典型，很像戲劇裡的環境人物，不一定會深入劇情左右劇情，但是他們就是這樣的存在著，必需而且真實，不打擾人也不會被忽略。

我的窮朋友並非真窮，「窮」字只是用來凸顯他們的慷慨大方，不管是物質上的，還是胸襟上的，他們，真的是樂於照顧別人的人。

老派人談閨密

如果我們想說話，我們就見面吧！
因為我要看著你的眼睛說話，才覺得說得透、說得實在。

我不敢沾光說誰是我的閨密。

我更不敢自許是誰的閨密。

「手帕交」、「姊妹淘」的友好關係，演變到今天的字彙已推陳出新，同樣的形容有了新字詞——「閨密」，很甜膩、很時尚，甚至很浪漫。

但是「閨密」似乎有年齡界限、有氣質界線、有職業別界線、有經濟階級界線，如果你家巷弄有兩位老嫗或大嬸沾上「閨密」形容，你一定翻著白眼爆笑，嫌人家醜化了這麼有創意的柔性字眼。

我剛好年屆老嫗大嬸行列，所以不便介紹誰是我的「閨密」，也沒把握自己會是誰的閨密。

實不相瞞，搜尋範例與推敲定義，我顯然沒有符合「閨密標準」的「閨密型朋友」。

這一年我問過自己，生活裡少了閨密，算不算是很差勁的成績單？

我很粗淺又膚淺的假設，如果閨密的基礎典型是「交換祕密心事」、「社交進出相黏」、「早晚緊密通訊」、「互換耳語流言」……那我的確不適任閨密角色，沒有閨密相伴也的確是我要的狀態。

從念小學初中高中到大專，同學們上廁所、上福利社、上體育課，常愛手牽手肩搭肩同進同出，而我似乎沒有留下過這種畫面；我從來都不曾有叛逆、孤僻、不合群的階段，可是我好像也沒有黏膩的朋友，更沒有生死之交類型的死黨、拜把、乾姊義妹、鐵哥們兒。或許因此，我反而沒有老死不相往來的故事，也沒有論及仇怨的對象，也許在心靈底層，我有孤獨路線的本質，但是我不覺得形成生活態度的矛盾。

我很熱情。

我有同理心。

我樂於分享與接受分享。

我總是誠心陪伴。

我在需要時候敢開口求救。

我對人事物不張揚也不隱藏。

但是，

交情再深，我不喜歡提問私生活。

知道再多，我不熱衷傳播事情的景況。

話題再熱，我都避免涉及論述朋友。

關心再切，我不貿然打探舊雨新知的近況。

因為我是這樣的我，所以物以類聚，我「深交的朋友都是非閨密款朋友」，這句話有幾種解釋：

1. 我根本沒有閨密。
2. 深交不等於閨密。
3. 深交與閨密是不同原型，有出世與入世的差別。
4. 深交像修養，偏向心靈觸動；閨密像戀愛，著重具體黏合。

不擅用電話聊天可能是我不能建立閨密關係的原因之一。

如果我們想說話，我們就見面吧！因為我要看著你的眼睛說話，才覺得說得透、說得實在，哪怕是轉述一個網路笑話，都因為看到你的表情笑聲反應，才覺得笑話好笑。

每天都會說說電話打打簡訊的朋友，還沒有在我生活中出現過，是別人不願進來，還是我不知不覺地推開別人？我很難判定，也只能繼續隨心而為。

小時候聽一個故事，如果你心情不好，又不能對人說，你就挖一個洞，把你心裡想說而不可說的話傾吐到洞裡掩埋起來……我就是這個翻起又覆蓋的塵土，裝著很多人某一段真實的人生，並且在記得與忘記之間，重複練習忠實守密的功夫。

我想，我欠缺閨密的黏度，所以，我親近的距離剛好凸顯可被信賴的安全，於是我才會長年被「信託祕密」。

友情跟愛情一樣，因為會打得火熱會爭風吃醋，所以也會反目成仇恩怨糾纏……我看透這點，成年後就這樣對待人生裡的情愛方式：

第一，我執意相信所有感情都是真的，絕不「考驗」、「證明」純度。

第二，我只談一半感情——管好我有多愛你、管好自己多心甘情願，至於你愛不愛我是屬於你的那一半，是你的事。

第三，永遠不用單一事件評價一個情人或一個朋友，人與感情的結論，是一段共同旅程的累積。

也許我的朋友都是我的閨密，但我寧可引用我們只是彼此的知交，因為友情的關係，還是老派些走得穩，我們都不執迷「無話不談才是『深』交」。

不管我是怎樣的我，有朋友需要我的時候，我盡量從最後一排走到第一排，讓他看到我，讓他知道也確定——他可以使喚我。

點個讚不如說句話

友情跟親情的質感最近，都不可能靠單一方維持，也不能活在你的心中，卻隔閡在你的生活之外。

我們愛花、愛草、愛山、愛水，因為一眼映照就可得到滿足，這迷戀常見於興趣嗜好裡。

我們忘不了一個不能實現的夢、我們忘不了一個瞬間的觸動，整個感覺是真實存在的不真實，這暗戀可以藏在心中，此生不渝。

我們渴望他會突然垂青、我們渴望她的嫣然一笑，充滿甘願等候的情懷，這單戀即便只能自我陶醉，卻也終不言悔。

和自己以外的人事物產生一種牽連，是我們與生俱來的本能，戀戀紅塵諸多事，深淺遠近都當然。

迷戀、暗戀、單戀都有一種特殊美感，可以重複發生在生活裡、思路裡、幻想裡，既不驚動別人，也不蠢動自己，沉靜的安置著，當作個人祕密可以，敞開來當作風花雪月話題亦可。

但是相戀，卻是一個非常實在的關係，有互動、有交集、有了解、有熱情、有對等溫度。

相戀的解釋很單一，通常是濃縮於「相互愛戀的戀愛狀態」，但是重組「相」與「戀」兩個獨立字詞，相戀可以不限定發生在愛情上，相戀也可以發生在親情與友情上，但是這樣的相戀，不會像迷戀、暗戀、單戀能在單行道模式中進行到天荒地老。

友情跟親情的質感最近，都不可能靠單一方維持，也不能「活在你的心中，卻隔閡在你的生活之外。」

友情，要相互給時間，要相互給感情，還要相互有道義道德默契。

賈伯斯的手機創意改變了全世界，一方面讓人與人之間無遠弗屆，一方面又讓人與人之間啞口無言。

虛擬的關心、問候，似是而非的靠近黏膩，讓人們有了迷幻滿足，以為自己相知滿天下；以致普遍的「熱戀潮」異形侵入，傷害了噓寒問暖的本質。多數人們，每天忙於寄送與刪除簡訊的時間，大概比閱讀簡訊的時間還要多。精選發送圖檔是朋友間的友善，但過度、過量的傾巢灌送簡訊，很可能是強迫症吧！

網路禮儀有此一說：「收到簡訊要感恩，表示朋友記得你。」我想這有點言過其實，因為一指按鍵即可群發成百，如果不是確有必要的通達，何來誠意之有？

只發網路訊息或圖檔，不會造就互動、交集、了解、熱情、對等溫度。所以寄簡訊這一件事，真的只是單純的達成傳遞行為，並不能產生傳遞價值，因為沒有一個對象會因為另一個對象的寄訊密度高而提升友情。

友情的關係一定開端在「你願意說，我願意聽」或「我願意說，你願意聽」，如果罐頭圖、文、影、音是僅有的交換，那麼，花再多時間專注寄發再多的簡訊，網友還是不會成為朋友，朋友或許就淪為網友了。

誰都不能不屈服，資訊的確在生活中扮演著重要的角色。我也是會按傳送鍵的人，但是至少寄出去的東西，我一定看過。看過再寄，是想和朋友分享非我族類的觀點，是希望觸類旁通，是讓彼此不致僵化拘泥在同一種音頻裡。

我手機上只有少數幾個群組，其中三兩個是基於功能存在，另外三兩個則是感情所在。我很在意我的朋友，誰想說話都是直接切入主題或拋出議題，最重要的是我們都引用自己的語言說自己想表達的觀點，很不應酬、很不寒暄、很不客套、很不強勢，當然也就很不累，既不必擔心因為少用讚美詞而失禮，也不必因發言不夠熱烈而內疚自己冷漠。我的經驗：人數不多的群組，比較有可能發展成真實互動又絕不八卦的心靈花園，大家「相」「戀」一場，都是實實在在參與，沒有人會掛著不說話，也沒有人會疲勞轟炸，丟出來的每封短訊視頻，總是值得交相閱讀吸收或取樂。

私人群組不管成員多寡，幾乎百分百熟人，臉書，能不能算是世界級的開放群組？群組不會要求朋友說話，臉書上卻常會看到有趣的警告：「長期不互動者，將刪除朋友。」

「要求互動」的聲明，很像是說：來點掌聲，再來點掌聲，不然我就關燈驅客。在臉書上所謂不互動是指什麼？不按讚、不留言、沒有張貼生日蛋糕？如果名單上的人都這樣做了，講究真實互動的人，能做到回覆性的互動嗎？

我有很多朋友的臉書開始即聲明：「對於我不認識的人，如果沒有相片也沒有自我介紹，一律謝絕交友邀請。」這樣的原則清楚明瞭，他們把開關臉書當作是和朋友交流的私人領域，一點不戀棧虛構的粉絲世界。

人和人之間，沒有交流互動，就不會有感情的增生成長。最簡單最尋常的幾句話，也比寄罐頭圖片的問候要多一絲感情成分。

朋友互動與臉友互動，不盡然站在相同的情緒與情感基礎上。

我的名人朋友每每貼文都是金句哲語，我說：「點讚人氣這般旺，還不集結出書？」他翻翻眼皮輕鬆說：「一萬個讚換不到一成的銷書量，虛擬和實體，永遠都不是親戚。」

臉書讓我們不寂寞，卻也可能讓我們更寂寞，不管花多少時間讚來讚去，生活裡最舒服的溫度還是來自和有聲音有表情的人同燃。

不管臉書多迷人，不管 line 多有趣，都讓它在必要或無聊時再拋頭露面吧，當我們跟家人、跟朋友在一起時，讓手機休息片刻，不要讓網路世界裡的讚來讚去、笑臉娃娃的嘰哩呱啦，覆蓋掉人與人面對面時特有的感情同溫。

新朋舊友都如茶酒

人和人的相約、相見、相處、相談、相娛、相歡，
都是通電、發電與蓄電，
這些電量遲早會在某個時機點展現極大的強大作用。

朋友老的好？沒錯！
但是我要說，新的朋友也很重要。
在自己沒有老得出不了門之前，一定要繼續交新朋友。
老朋友給的是溫暖，新朋友給的是活力。
老朋友給的是信任的依賴，新朋友給的是泉湧的新奇。

老朋友的嬉笑怒罵雖然遍體通暢，新朋友的進退適應也不乏激情。老朋友的對白重複老把戲，新朋友的語法提煉新趣味。

在多數場合裡，常常可以看到一種情感上的驕傲，許多人都會手一指或肩一搭的說「我們從小一起長大」、「我們認識三十年了」、「我們是鐵哥們兒」、「我們是閨密」……能擁有交得長、交得久、交得深的朋友，的確是很值得驕傲的事，這至少見證彼此可靠。人如茶，人如酒，朋友的茶酒關係也講究「年分」，這年資就像一帖不言而喻的證書。

春夏秋冬過多了就明白，友情深交一如愛情摯交，不是靠時間取勝，也不是情義無瑕就能天長地久，更不因利益相扣而牢靠。情如流水，涓涓潺潺才能保持含氧量，必須讓順時鐘或逆時鐘的得宜攪動來活化感情。

每一個生命都是大千世界池塘裡的魚兒，有時單游，有時群隨，在這個浮動的時空中，旁邊的同伴可能是我們的浮游生物，旁邊的浮游生物也可能是我們的同伴；隨著時間河流行進的每一個順逆事件，都像化學原理與物理原理的碰撞合成，可以讓生命發生陸續的擺盪，成就人與人之間微妙的關係。

許多的親疏遠近，未必因意念而能定位清楚，於是誰都無可避免的看到自己的人生中，有些朋友成了陌路，有些初識成了知己，冷熱的溫差，往往是來自感覺的累積，並不一定是事件好壞的紀錄。

所以，不是交惡才會淡了關係，不是受恩才會濃了情誼。如同雨後，可能樹葉翠綠視野清爽，也可能馬路坍塌觸目瘡夷，究竟可以安享還是必須善後，顯然並不受控。

在「真情」的路上，有些不公平是確實存在的，不管多努力仍可能得不到相對地回應，不管多卑劣也可能得不到相對地懲戒，但都別在乎，因為每一階段的認知與誠實，已經各自在書寫生命價值的最後評價。

老朋友是珍藏紀錄片，主題明確，聞名即知內容，一切據實存在，人我關係全部身歷其中。

新朋友是類型電影，言行模式宛如一段預告片，會影響續看意願，一旦進入賞片期，才確定彼此的未來會是引人入勝，還是戒慎恐懼。

我喜歡熟悉的環境，卻喜歡結交新的朋友。

老朋友太容易因就知彼知此，安全的陷在自爽的思路模式中；而新朋友有違我們慣性方向的一個立場一個態度，卻可能造成點石成金的效果，幫我們跳出自己布羅的隱形框架。

有一天，我拉開臉書朋友名單瀏覽一下，看來還不錯，真正認識的人居然近五分之四，但是在生活上有連結的大概只有四分之一，就時間體力而言，要情牽不懈這四分之一的朋友，其實也力有不逮。

我個性天生熱力四射，所以我不信奉「君子之交淡如水」、「你不在我生活中卻總是在我心中」、「相知何必常相見」，人和人的相約、相見、相處、相談、相娛、相歡，都是通電、發電與蓄電，這些電量遲早會在某個時機點展現極大的強大作用。

去年我在回國定居的朋友家中，度過第一個美國式的感恩節，也認識了一對新朋友。兩周後主人跟我簡訊聊天時，提到新朋友情緒低潮，不接電話，令他擔心。

我說：「我來試試約她？」

於是我這個陌生人角色向另外一個陌生人發訊說：「人生第一個感恩節是跟妳過的，這樣的初遇讓新生的友誼有了不凡意義，明天有空喝茶聊天嗎？盼覆，盼再圍桌說笑。」

因為曾經經歷，所以我始終相信，有些沮喪時刻，不穩定的情緒確實可以透過陌生人的新話題，建立全然無壓，進而獲得放鬆的應對關係。

運氣真好，陌生人願意接受陌生人的邀約。第二天主人和我們一起喝下午茶，擔心沒有了，笑容綻開了。

新朋友與陌生朋友，在特殊關卡上，有一種非常奇特的功能，我很早就有這個理解度，所以我曾經想去應考「張老師」輔導中心，但是愧於我對「處理沉重這件事」的抗壓性特別弱，也就沒敢試出個結果。

除了實境好友，我有很多虛擬之交，他們在電影裡不停地向我招手，我只要一坐下就覺得可以跟銀幕上的世界促膝暢談。

我先生對我最大的驚奇是，他沒見我坐下來看電視影片，可是當我路過客廳瞥螢幕一眼，就會邊走邊留下一句「這部好看」或「這部不好看」，他從來不知道記性亂七八糟的我，到底什麼時候看過影片，又為什麼記得住電影情節。

電影是我最親密的朋友之一，也是我最輕鬆學習人生起伏的立體講義。我這個年齡的朋友，通通在追劇，日劇韓劇大陸劇看到睡眠不足雙腿腫脹，可就是不肯進電影院，口耳相傳一部適齡電影時，也都是在手機或IPAD上看。

年輕人是電影的主力族群，除了喜歡看電影本身之樂之外，戲院更是重要的社交場合；既然電影是年輕人的社交活動，那我把電影歸類為我的朋友，也不算勉強吧？

電影裡一句對白、一場戲、一個選擇、一個神情，在在可以對我形成影響，銀幕上的人、事、情、景，也一向能對我產生啟發性。電影不只是電影，電影存有我仰慕的師道，也是我生活學養的莫逆之一。

朋友，存在虛擬與實境中。老的好，新的要，年分功能都重要。

就是在寫妳

這個氣場磁場鼎旺如森林的居所，
用負離子浸潤我的身心靈，讓我在陌生中找到前世今生般的熟悉，
每一個擦肩而過的點頭之交，陸續成為我的心上人。

原先以為為了愛情，我們會努力成為一個更好的人；現在明白，左鄰右舍也會讓我們努力成為一個更好的人。

臨老喬遷，風險很大，我入住歡樂集中營之前，一百個朋友提出同樣的警告：離開市區，妳一個月都過不下去。

結果，我已在城上城這個集合式社區定居十八個月，而且毫無疑問還可以

繼續住下去，因為歌在唱舞在跳，公益文藝都活躍，這裡的姑娘好閃亮，她們個個吸引我。

這個氣場磁場鼎旺如森林的居所，用負離子浸潤我的身心靈，讓我在陌生中找到前世今生般的熟悉，每一個擦肩而過的點頭之交，陸續成為我的心上人。

許淑真 Lily 從事特殊行業，受託為國際菸酒廠商抓盜版，這樣的人，懂法律敬法治，可是一點都不拘泥規矩，每一個言行節拍都深得我心。

在同一個長廊，我和我的高中同學陳小玉各住一頭，同樣格局的房子，我的雜亂無章加倍襯托她的室內美學品味，她在我眼中是一幅賞心悅目的油畫。

王中敬，英文名 KAREN，人稱 K 姐。她，身材，苗條銷魂；穿衣，頂尖時尚；玩樂，名列前茅；助人，肝膽相照；嗆聲，天崩地裂；愛心，擲金為憑。

在棟群組，我善意的發言卻造成他人的不悅，替我緩頰解困的是氣質不凡的梁子屏。她說：「這個話題可以結束了。」真神，群組果然安靜下來，我感謝至今。

清秀佳人彭如萍有我香港朋友林阿霞之貌，總是充滿溫和柔軟的笑容，她在傾聽和表達上極具風格——凡事心知肚明，卻從不急於發言。

說話直率的陳曼玲跟走地雞蛋一樣，令人安心。初見她公告：「團購款項請直接放在我的信箱就好。」頓時覺得她豪邁大氣。

家庭用品天后鍾玉霞把團購這樣可大可小的副業，當作長遠事業來經營，有一次脊椎調整帶品質不理想，她當即收回不讓大家勉力收貨，了不起。

有一天家裡聚餐，需要大量冰塊，我在群組求援「誰幫我帶些冰塊來」，一如預期，提著兩袋冰塊來的就是陳潔瑩，我對她有特殊的直覺。

很高很漂亮的陳家榛，是全城裡最愛吃185豆沙粽的鄰居，人多的聚會她從不出現，可是偶爾她會帶著小杯杯來跟我喝一下，很喜歡她的憨傻勁兒。

林媛姬生就一副喜歡聽古典音樂的氣質，我一直在想，她和喜歡看書的徐雪慧是不是該搭檔組一個讀書會？如果攜手帶動風氣，城裡的閱讀風氣和吸收力一定會倍增。

每周來城裡收成團購商品的林妙蓉，不但很愛笑，而且也很愛搞笑，將來如果有搞笑競賽，她贏高分貝笑聲的機會很大。

一起做客吃過兩次飯，纖瘦小個兒的蔣登壁，聽到任何有關社區爭議的話題，都是平和以待，負面的情緒不能解決眼前的問題，她的輕聲對白餘音繞樑。每天敲打收銀機的素涵看起來聰明伶俐，但她居然把鼓著鈔票皮夾的大提包掉在我家而不察覺，這樣的糊塗真是人不可貌相的寫實版。

我因手笨腳拙難以習舞，以致我對舞藝始終有著嚮往卻不可得的觀賞之痴，謝慧蘭、黃玉梅的一擺手一扭腰，在我看來簡直就是傾國傾城之媚。

心裡最親的鄰居，當然是報系本家同業王敬慈，她在不同群組裡偶一出聲，必是讓人心生愉悅的雅音小趣。我兩心性相同，對奢華有距離，對樸質有偏愛。

遠在美國的施惠清，我們是從臉書開始攀談，在她回國的初次相見，我們兩對夫妻居然聊了四小時還意猶未盡，她很文青氣質。

成家聽不加群組不赴趴，她看到我總是未語先笑的靜謐氣質很迷人，她說她不會做菜，但她的韭菜盒子卻好吃得讓我念念不忘。

王淑綿荷鋤、澆花、介紹有葉黃素的雞蛋，這樣擅長農務的她，有一天在迴廊上聊到我的文章突然淚眼婆娑，讓我感動著她的感動，謝謝阿綿呀！

王美惠EQ很高，好像天下沒有可以讓她生氣的事；我是她的中繼站，她每每上樓來訪，都會加一句：「我去丟垃圾，剛好經過妳家。」

李春吟平日話雖不多，卻會在社區的政治臺很有見地的指出弊端。嗯！她特別會拍照，每次聚會拍出的角度都令人愛上自己。

李景容在補習班教英文，每次遇到她都是不同風格的裝扮。自從交換閱讀心得之後，她成為我的筆友，她具備把生活點滴累積成系列作品的實力。

會做藝術蛋糕，能用奶油繪圖的黃姿華是個異數，當我認定她是浪漫美學家時，卻又看到她以強烈意志在社區爭議中揭竿起義，軟硬彈性非常兩極。

吳美錦、陳玉霞、謝杏英，她們是青青河畔草，淳淳善溪流的代表團體，把文化氣息滾滾引進社區，又把慈愛心緒涓涓匯入鄰里，對社區形象有最大的雕塑貢獻。

花藝繪畫才高，待人接物謙和，高麗萍是我非常非常欽佩的鄰居。但她的溫馴不是沒有底線，偶見她在公共平臺仗義執言，每每覺得她智仁勇具備。

曾經無肉不歡的蔡淑彥茹素八年，她是我遇過最幽默風趣的素食者，她穿著小蓬蓬裙的妖嬌模樣，像彩雲，像彩霞，我遇到她就會「瞎扯淡」。

活力十足的吳麗虹是吸睛姊姊。在有氧拳擊課程上，她趾間豎地的匍匐姿勢，差點沒把我驚死，她文武雙修，神采自信，是銀亮白髮族的女性楷模。

撒嬌姊黃玉梅，不會廚務、不會家務，只擅外務，每天穿梭如蝶，她常以貴妃醉酒儀態得意地說：「我都累得沒有時間變老。」

看起來安靜害羞的劉學珠，一旦靠近，就知火熱高溫，一星期義務教學四堂拉伸操，讓她纖細苗條，這位七十五歲的妖精姊姊聳肩時，挺性感的。

老朋友陳茜苓是早期新聞同業裡的笑王之王，在這新社區顯然如魚得水，她嗓門大、個性帥，愛乾淨的程度讓我自慚形穢。

我喜歡的鄰居多到述說不完，漏了誰都別介意，因為如果一一點名，這就不是一篇文章，而是一本書了。

遷居，遇到很多不在我想像之中的人，因為她們的有趣，我的黃昏之戀，充滿夕陽無限好的歡樂。

國家圖書館出版品預行編目資料

此刻最美好：快樂是安然的享受，不是退而求其次的選擇。 / 高愛倫 作 . -- 初版 . -- 臺北市：三采文化，2019.1 -- 面；公分 . --（Mind Map177）

ISBN 978-957-658-109-0（平裝）
1. 老年 2. 生活指導

176.54　　107001951

suncolor 三采文化集團

Mind Map 177

此刻最美好

快樂是安然的享受，不是退而求其次的選擇。

作者｜高愛倫
副總編輯｜郭玫禎　校對｜張秀雲
美術主編｜藍秀婷　封面設計｜李蕙雲　內頁排版｜周惠敏
攝影｜林子茗　梳化｜謝佳霈
行銷經理｜張育珊　行銷企劃助理｜王芯儒

發行人｜張輝明　總編輯｜曾雅青　發行所｜三采文化股份有限公司
地址｜台北市內湖區瑞光路 513 巷 33 號 8 樓
傳訊｜TEL:8797-1234　FAX:8797-1688　網址｜www.suncolor.com.tw
郵政劃撥｜帳號：14319060　戶名：三采文化股份有限公司
初版發行｜2019 年 1 月 4 日　定價｜NT$350
2 刷｜2019 年 1 月 10 日

suncolor